MATTHIAS SPANKE

RETAIL ISN'T DEAD

dfv Mediengruppe
Fachbuch

BIBLIOGRAFISCHE INFORMATION DER DEUTSCHEN NATIONALBIBLIOTHEK
Die Deutsche Nationalbibliothek verzeichnet diese Publikation in der Deutschen Nationalbibliografie;
detaillierte bibliografische Daten sind im Internet über http://dnb.d-nb.de abrufbar.

ISBN 978-3-86641-330-6

PROJEKTLEITUNG: Caroline Schauwienold, Frankfurt am Main
PROJEKTMANAGEMENT: Birga Andel, Frankfurt am Main
UMSCHLAG: die basis, Wiesbaden, www.die-basis.de
GRAFISCHE GESTALTUNG UND SATZ: die basis, Wiesbaden, www.die-basis.de
PRODUKTION: Thomas Mattner, Die Produktion PrePrint GmbH & Co. KG, Kleinostheim
DRUCK UND BINDUNG: optimal media GmbH, Röbel / Müritz

www.dfv-fachbuch.de

MATTHIAS SPANKE

RETAIL ISN'T DEAD

★ ★ ★ ★ ★

INNOVATIVE ERFOLGSSTRATEGIEN FÜR DEN STATIONÄREN HANDEL

INHALT

VORWORT

Seit dem Boom des E-Commerce hat dieser die Prozesse und Serviceleistungen des stationären Handels infrage gestellt. Kunden lieben die Geschwindigkeit und Bequemlichkeit des Internethandels: vom einfachen und schnellen Surfen durch eine Unmenge von Produkten über die Bezahlung per Knopfdruck und Lieferung innerhalb kürzester Zeit bis hin zum problemlosen Umtausch der Waren. E-Commerce hat massiv verändert, wie Kunden einkaufen. Und die haben ihre Erwartungen auf den stationären Handel übertragen. Vor diesem Hintergrund ist das Online-Geschäft allerdings nicht nur Konkurrent und Herausforderung, es hat den Retail auch inspiriert und innoviert.

Wenn ein Kunde sich innerhalb von Sekunden durch die Online-Warenwelten navigieren und die gesuchte Ware ausfindig machen kann, dann erwartet er, dass es offline genauso einfach ist. Wenn er im Web per Knopfdruck oder Gesichtserkennung bezahlen kann, dann erhofft er sich den gleichen Service auch im stationären Handel. Sind diese Erwartungen zu hoch? Ganz gleich, wie Sie diese Frage beantworten: Wer heute als Retailer Kunden behalten oder neue für sich gewinnen möchte, muss Strategien entwickeln, um die gleichen Vorteile und noch mehr zu bieten.

Und es kommt noch härter: Der Innovationsdruck kennt kein Ende. Denn in einer globalisierten digitalisierten Welt ist Veränderung paradoxerweise zur einzigen verlässlichen Konstante geworden. Und die Veränderung findet auch noch in einem atemberaubenden Tempo statt, das ebenfalls keine Grenzen kennt. Es mag Retailern eine kleine Genugtuung sein, dass diese neuen Gesetzmäßigkeiten ebenso für die digitale Welt gelten.

Doch was genau bietet das Online-Geschäft, was dem stationären Handel heute meist fehlt?

Beginnen wir beim Produkt: Das Internet ist niemals »Out of Stock«. In physischen Stores ist die Anzahl der Waren begrenzt, während es online eine scheinbar unbegrenzte Auswahl gibt. Hier kann man sich mit wenigen Klicks durch das gesamte Sortiment navigieren, statt in einem überfüllten, womöglich großflächigen Geschäft mühsam nach Orientierung suchen zu müssen. Eine hoffnungslose Situation für den stationären Handel? Keinesfalls, denn Lösungen dafür werden von internationalen Einzelhändlern vorgeführt. Nur zwei erfolgreiche Beispiele für diese Adaptionen: Macy's zeigt, wie mit der Virtual-Reality-Technologie das Sortiment im wahrsten Sinne des Wortes unendlich erweitert werden kann. Und The Home Depot führt mit seiner schlauen In-Store-Navigation-App die Kunden auf dem kürzesten Weg zur gewünschten Ware.

Ist die Vorauswahl erst einmal getroffen, muss oft eine zweite oder dritte Meinung her. Online werden diese als Kundenbewertungen gleich mitgeliefert. Und das dutzendweise. Beispiele aus der ganzen Welt zeigen, wie dies auf kreative und smarte Weise auch offline möglich ist.

Hat man sich für einen Artikel entschieden, will man einfach nur noch schnell bezahlen. Das geht im Online-Shop ganz fix per Klick, Fingerabdruck oder Gesichtserkennung. Und schon ist die Ware unterwegs. Im stationären Handel spricht nichts dagegen, den gleichen Service zu bieten: Vom »Checkout Kiosk« bei Zara über Marks & Spencer's »Mobile, Pay, Go« bis hin zur »Just Walk Out«-Technologie von Amazon Go zeigen Unternehmen, wie es geht.

Online gibt jeder seine persönlichen Informationen und Kaufgewohnheiten weiter – manchmal bewusst, doch meistens eher unbewusst. Diese Daten werden mit Artificial-Intelligence-Technologien genutzt. Algorithmen sind dabei in der Lage, den Bedarf der Kunden vorauszusagen. So wissen die Unternehmen heute schon, was die Kunden morgen möchten, noch bevor diese es selbst wissen. H&M und andere Marken zeigen, wie das im stationären Handel funktioniert.

Doch reichen Schnelligkeit und Komfort aus, um für die Kunden eine Marke im physischen Retail wirklich erlebbar zu machen? Definitiv nicht.

Es ist schon mal ein Vorteil und auch ein guter Anfang, dass Kunden die Waren in der analogen Welt anfassen, anprobieren, persönlich sehen und vergleichen können. Doch warum nicht direkt ein Markenerlebnis für den Kunden daraus machen? Bei Nike in New York kann man nicht nur auf dem In-Store-Basketballfeld die Sneakers testen, sondern auch auf riesigen HD-Bildschirmen durch benutzerdefinierte Übungen geführt werden. Und John Lewis & Partners in London erfüllen den Traum von einer Nacht im Kaufhaus, um sich von der Qualität der Betten zu überzeugen.

Für Kunden sind Stores nicht einfach nur Orte, an denen Waren oder Dienstleistungen verkauft werden. Sie sind ein Teil der Community – oder können es zumindest werden. Mit Co-Working-Spaces wie in den Bankfilialen von Capital One oder Yoga-Stunden beim Sportbekleidungsanbieter Lululemon zeigen Unternehmen, wie sie ein fester Bestandteil der Community geworden sind. Und somit ein fester Bestandteil im Leben der Kunden.

Auch in Sachen Nachhaltigkeit müssen Einzelhändler umdenken. Die Kunden sind sich gerade in den vergangenen Jahren der desaströsen globalen Umweltentwicklung bewusster geworden. Mehr denn je erwarten sie von Firmen Strategien und Maßnahmen für einen schonenderen Umgang mit unserer Welt. Das fängt bereits bei der Ladengestaltung an. So wurden im Londoner Ikea-Store ausschließlich nachwachsende Rohstoffe verwendet und unzählige Maßnahmen ergriffen, um diesen erfolgreich zum offiziell nachhaltigsten Store Großbritanniens zu machen. Und die Anzahl der Kunden, die ein ökologisches Engagement der Unternehmen in ihre Kaufentscheidung einbeziehen, wächst weiterhin.

Es gibt eine Vielzahl von Maßnahmen, die ergriffen werden können und sollten, um sich im stationären Handel Wettbewerbsvorteile zu verschaffen. In diesem Buch werden dafür die wichtigsten und innovativsten Strategien aufgezeigt. Dazu zählen neue Markenerlebnisse, Einsatzmöglichkeiten von In-Store-Technologien, Nachhaltigkeitsinitiativen, Maßnahmen, um Online-Vorteile auf Offline zu übertragen. Dieses Buch ist praxis- und benutzerorientiert, mit vielen Tipps und über 50 bebilderten Best-Practice-Beispielen aus unterschiedlichsten Branchen und aus der ganzen Welt.

Lassen Sie sich inspirieren und lernen Sie neue Möglichkeiten kennen, mit denen Sie auch in Zukunft im stationären Handel erfolgreich sein werden.

MATTHIAS SPANKE

MARKENERLEBNIS

Der stationäre Einzelhandel ist im digitalen Zeitalter härter geworden. Auch in anderen Branchen haben sich Kundenerwartungen durch die Digitalisierung tiefgreifend verändert und erhöht. Doch gilt dies in besonderem Maße für den Einzelhandel. Ironischerweise bekommen die Retailer neuerdings auch noch Konkurrenz auf ihrem eigenen Boden. Manche Online-Händler erkennen die Vorteile des physischen Retails und eröffnen Stores. Es stellt sich aber für alle dieselbe Frage: Wenn online fast jedes Produkt weltweit in Sekundenschnelle gefunden und verglichen werden kann, mit welchen Argumenten kann dann der Einzelhandel noch überzeugen?

Erfolgreiche Retailer haben einige sehr gute Antworten auf diese für sie existenziell wichtige Frage gefunden. Sie schaffen Orte, an denen Kunden die Marke erleben, Spaß haben und neue Erfahrungen machen können. Denn: Kunden brauchen einen Grund, um die Stores zu besuchen. Sie wollen ein Erlebnis.

Die Idee des Kundenerlebnisses im Store ist nicht neu. Aber die Erwartungen der Verbraucher an dieses Erlebnis haben sich geändert. Es reicht nicht mehr aus, die Kunden zu begrüßen, ein saisonal wechselndes Sortiment anzubieten und einen problemlosen Zahlvorgang zu ermöglichen. Für Sie als Retailer stellen sich neue Herausforderungen. Stellen Sie das Erlebnis Ihres Kunden in den Mittelpunkt und fragen Sie sich, ob es ihm Spaß macht, Ihren Store zu besuchen? Welche Erfahrung bieten Sie ihm, die Ihre Mitbewerber und insbesondere die Online-Anbieter ihm nicht bieten? Wie können Sie möglichen Störfaktoren im Markenerlebnis vorbeugen?

In diesem ersten Kapitel lernen Sie neue Einzelhandelsstrategien kennen, bei denen der Fokus auf dem Kundenerlebnis und nicht auf dem eigentlichen Produkt liegt. Denn dieses Erlebnis ist inzwischen zum entscheidenden Faktor geworden, wenn es um den Erfolg einer stationären Einzelhandelsmarke geht.

TESTEN UND SPIELEN

Der größte Vorteil des stationären Handels liegt darin, das Produkt- und Serviceangebot direkt testen zu können. Es live zu sehen, anzufassen und vielleicht auch zu hören, zu riechen oder zu schmecken. Oftmals gibt es versteckte Vorteile, die für die Kunden nicht sofort sichtbar sind. Wie kann ich den Kunden von den neuesten Technologien der Laufschuhe überzeugen? Oder von der Klangqualität angebotener Sound-Systeme? Das geht am besten im realen Test. Dabei braucht es mehr, als die Produkte zum Ausprobieren bereitzustellen. Kunden wollen Spaß haben und etwas Neues unmittelbar erleben. Sie wollen einen Mehrwert geboten bekommen, damit sich der Weg vom heimischen Computer zum stationären Handel lohnt.

»Try Before You Buy« lautet die Erfolgsstrategie. Produkte oder Leistungen, die nach einem Kundentest eine Umsatzsteigerung versprechen, werden zum Ausprobieren inszeniert. Dabei ist zu überlegen, welche nicht sofort erkennbaren Produktvorteile dem Kunden einen Mehrwert bieten. Ist die angebotene Matratze besonders bequem und rückenfreundlich? Oder ist die Outdoor-Bekleidung wind- und wasserdicht?

Sobald definiert ist, welcher Vorteil vom Kunden getestet werden soll, stellt sich die Frage der Umsetzung: Wie wird der Test zu einem Kundenerlebnis? Zum Test der wasserdichten Jacken kann eine Regenkabine aufgestellt werden. In ihr überzeugt das Produkt live unter der Regendusche: Es ist tatsächlich wasserdicht. Am besten läuft der Test samt dem Kunden im Regen. Dazu passend gibt es die Kulisse und das Rauschen eines Wasserfalls im Regenwald, um ein sinnlich erfahrbares Umfeld zu schaffen.

Kunden möchten die Produkte nicht nur berühren und fühlen. Sie möchten auch etwas über die Funktionen erfahren, eventuell etwas lernen und unterhalten werden. Versuchen Sie, im Produkttest Fachwissen an Ihre Kunden weiterzugeben und einen Mehrwert zu bieten. Beim Laufschuhtest im Store kann es für den Kunden beispielsweise eine Laufanalyse geben. Sie gibt ihm Auskunft über seine Fußstellung und Anforderungen an optimales Schuhwerk. Denn: Verbraucher sind wissbegierig. Erfüllen Sie dieses Bedürfnis, wird das Geschäft zu einem Ort des Testens und Lernens.

Ermutigen Sie Kunden, in Ihrem Geschäft Spaß zu haben. Fördern Sie die Interaktion. Holen Sie gestresste Verbraucher mit spielerischen Erlebnissen aus ihrem Alltag und schaffen Sie damit ein positives Markenerlebnis. Bei der Kosmetikkette Sephora in Barcelona können sich Kunden entscheiden, anstelle der Rolltreppe eine Rutsche ins untere Geschoss zu nehmen. Das bietet neben dem Spaß auch großartige Bilder für soziale Medien.

Schaffen Sie Test-, Spiel- und Lernzonen, in denen sich Kunden mit Ihren Produkten aus erster Hand befassen und diese erleben können. Hier soll der Verbraucher unterhalten werden und Wissen vermittelt bekommen. Versuchen Sie, mögliche Probleme oder Herausforderungen der Kunden beim Produktkauf zu erkennen und auf innovative und sinnvolle Weise zu lösen. Bieten Sie eine reibungslose Erfahrung, die online nicht geboten werden kann. Beachten Sie bei allen Maßnahmen, dass diese zur gewünschten Markenaussage passen. So wird der Store-Besuch zu einem erfolgreichen Markenerlebnis.

TESTEN UND SPIELEN

CALL TO ACTION

- Überlegen Sie sich, bei welchen Ihrer Waren oder Leistungen die Vorteile nicht klar erkennbar sind.

- Entwickeln Sie dafür kreative und innovative Testzonen, in denen Kunden diese Produkte ausprobieren können und gleichzeitig unterhalten werden.

- Stellen Sie sicher, dass neben dem Testen auch die Bereiche Spielen, Lernen und Erleben berücksichtigt werden.

- Hinterfragen Sie, ob der Aktionsbereich zu Ihrer Marke passt und den Kunden ein positives Markenerlebnis bietet.

» KUNDEN BRAUCHEN EINEN GRUND, UM DIE STORES ZU BESUCHEN. SIE WOLLEN EIN ERLEBNIS.«

DUER PERFORMANCE IST EIN KANADISCHES MODEUNTERNEHMEN, DAS SICH AUF FUNKTIONALE ALLTAGSKLEIDUNG FÜR FRAUEN UND MÄNNER MIT EINEM AKTIVEN LEBENSSTIL SPEZIALISIERT HAT. SEIT SEINER GRÜNDUNG IM JAHR 2013 BEFINDET SICH DAS HEADQUARTER MIT ANGRENZENDEM FLAGSHIP-STORE IM KANADISCHEN VANCOUVER. AKTUELL VERFÜGT DAS UNTERNEHMEN NEBEN DIESEM STANDORT ÜBER EINEN WEITEREN STORE IN TORONTO. ES VERTREIBT SEINE WAREN BEI MEHR ALS 400 EINZEL-HÄNDLERN IN 150 STÄDTEN IN KANADA, DEN USA UND IN EUROPA. DUER BESCHÄFTIGT HEUTE RUND 60 MITARBEITER.

DUER PERFORMANCE:
DENIM-SPIELPLATZ FÜR ERWACHSENE

Bekleidung von Duer bringt funktionale Leistungsfähigkeit und Stil zusammen, indem sie Eigenschaften wie High-Stretch-Fasern mit Coolmax für Temperaturkontrolle verbindet, um Kleidung für die täglichen Herausforderungen anbieten zu können. Die Denims sind dehnbar, leicht und haltbar. Darüber hinaus gehören zu den Leistungsmerkmalen Feuchtigkeitstransport, Temperaturkontrolle und antimikrobielle Eigenschaften. Die Herausforderung für die Marke besteht darin, ihren Kunden diese Produktvorteile unterhaltsam zu vermitteln und erlebbar zu machen.

Die Lösung wurde ein Performance-Denim-Spielplatz für Erwachsene in Eingangsbereich beider Stores. Ein unkompliziertes Erlebnis, bei dem Kunden die Jeans durch Hocken, Strecken, Springen und Schwingen testen können. Dazu wurden, unter Beibehaltung der vorhandenen Holzstruktur, die hohen Decken des Gebäudes genutzt, um darunter ein Baumhaus zu errichten. Dieses verfügt über ein zweieinhalb Meter über dem Boden hängendes Netz, in dem man gehen, krabbeln oder sich entspannen kann. Außerdem gibt es eine Schaukel und Kletterstangen. Kunden sollen hier die Performance-Denim nicht nur anprobieren. Sie sollen dabei auch Spaß haben und hautnah spüren, wie dehnbar und bequem die Kleidung ist.

Im alltäglichen Geschäft ermutigen Mitarbeiter die Kunden zu springen, zu klettern und sich in der Hose zu strecken. Hier werden Erwachsene zu Kindern. Sowohl Neu- als auch Bestandskunden zeigen sich von dem Performance-Denim-Spielplatz begeistert. Als Ergebnis hat dieser nicht nur das Markenerlebnis und die Markenbekanntheit gesteigert, sondern auch die Kundenfrequenz und den Umsatz erhöht. Mit der Einführung dieses Spielplatzes schaffte das Unternehmen ein Einkaufserlebnis der neuen Art mit direktem Erproben der Warenvorteile. Der Store wurde zu einer unterhaltsamen, aktiven und erlebnisorientierten Verkaufsfläche.

Ein weiterer Vorteil liegt darin, dass der Store mit seinem Erlebnisparcours direkt mit dem Headquarter verbunden ist. Alle Mitarbeiter der Hauptverwaltung, einschließlich des Designteams, arbeiten hinter dem Geschäft und holen sich regelmäßig direktes Feedback von den Kunden auf dem Performance-Denim-Spielplatz.

NIKE INC. IST EIN GLOBALES UNTERNEHMEN MIT HAUPTSITZ IM GROSSRAUM PORTLAND IM US-BUNDESSTAAT OREGON. DIE 1964 GEGRÜNDETE SPORT-BRAND VERFÜGT WELTWEIT ÜBER KNAPP 1.200 STORES UND WIRD AUF MEHR ALS 30.000 FLÄCHEN BEI RETAIL-PARTNERN VERKAUFT. NIKE BESCHÄFTIGT WELTWEIT ÜBER 70.000 MITARBEITER IN DESIGN, ENTWICKLUNG, HERSTELLUNG UND VERTRIEB VON SCHUHEN, BEKLEIDUNG, EQUIPMENT UND ACCESSOIRES. DIE KERNZIELGRUPPE SIND VERBRAUCHER IM ALTER ZWISCHEN 15 UND 40 JAHREN.

NIKE:
IN DER TESTZONE

Befragungen von Nike-Kunden haben ergeben: Sie wünschen sich einen Ort, an dem man spielt, die Produkte testet, seine Leistung optimiert und auf andere Sportbegeisterte trifft. Und genau so einen Ort hat Nike im New Yorker Stadtteil SoHo geschaffen. Fünf Stockwerke auf einer Fläche von über 5.100 Quadratmetern laden ein zum Testen, Üben, Spielen und Erleben.

Im obersten Stockwerk befindet sich, bei einer Deckenhöhe von sieben Metern, ein Basketballfeld. Beim Werfen der Körbe und Testen der Basketballschuhe taucht der Testspieler durch riesige HD-Bildschirme in die berühmten Straßenbasketballplätze von New York ein. Sensoren führen den Spieler auf diesen übergroßen Bildschirmen durch benutzerdefinierte Übungen. Rund um den Basketballplatz sind Kameras aufgestellt, um das Geschehen aus verschiedenen Blickwinkeln festzuhalten und in Echtzeit während des Spielversuchs auf der Bildschirmen zu zeigen.

Auf verschiedenen Etagen liegen Running-Testzonen. Mit einem Laufband und einem riesigen Bildschirm wird hier der Lauf im Freien simuliert. Kunden können wahlweise 90 Sekunden durch den Central Park oder im Battery Park entlang des Wassers laufen. Das Laufband ist von mehreren Kameras umgeben, die den Gang des Kunden während seines Laufs aufzeichnen. Mitarbeiter im Geschäft analysieren sein Laufverhalten und können ihm so das für ihn beste Paar Sneakers empfehlen.

Der Nike-Fußballschuh-Testbereich befindet sich auf der dritten Etage. Hier ist ein knapp 40 Quadratmeter großer, synthetischer Rasenboden von Glaswänden umgeben. Kunden können Fußballstollen testen und werden von zertifizierten Testathleten zu Fachthemen und Produktmerkmalen beraten. Außerdem erwartet sie ein Personalisierungsstudio, eine Damenboutique mit persönlichem Styling-Service sowie ein Community-Treffpunkt mit einem Sitzbereich.

Das gesamte Geschäft ist vollständig vernetzt. Dabei ist die In-Store-Technologie so konzipiert, dass Kunden neues Wissen über ihre sportlichen Leistungen gewinnen. Über ihr Online-Nike-Konto können sie auf das Filmmaterial der Testbereiche zugreifen und es in sozialen Medien teilen. Die Nike-App ist sehr durchdacht und verwendet die gesammelten Testdaten, um das Kundenerlebnis beim nächsten Store-Besuch optimal anzupassen. Beispielsweise speichert die App nicht nur die Ergebnisse der Laufanalyse, sondern auch, welche Schuhe der Kunde anprobiert hat.

Nike bietet Produkterlebnisse, die Kunden online nicht möglich sind. Dazu gehören: ein virtueller Lauf im Central Park, Körbewerfen vor digital gerenderten Top-Basketballplätzen der Stadt oder ein Testspiel im abgeschlossenen Fußballplatz. Und es gibt jede Menge Fachwissen, auf dessen Basis Kunden künftig ihre sportlichen Leistungen verbessern können. Egal, ob man für einen Marathon trainiert, in der Freizeit Basketball spielt oder einfach Sneakers liebt: Dieser Store ist für jeden ein lohnenswerter Anlaufpunkt. Nike hat bereits Elemente seines erfolgreichen SoHo-Projekts an weiteren weltweiten Standorten umgesetzt.

CANADA GOOSE:
EISZEIT IN HONGKONG

Wie testet man einen Mantel für arktische Temperaturen an einem subtropischen Ort wie Hongkong? Dieser Herausforderung hat sich Canada Goose gestellt. Als Antwort ließ man einen sehr speziellen Testbereich für die Stores entwickeln: den Cold Room. Der Name ist selbsterklärend. In den Store ist ein Raum integriert, in dem die Temperatur auf minus 33 Grad Celsius heruntergekühlt wird und Eisskulpturen stehen. Kunden können selbstverständlich auch in den Sommermonaten die Produkte testen.

Ziel war es, ein In-Store-Erlebnis zu entwickeln, bei dem die Marke authentisch bleibt und nicht nur Aufmerksamkeit erregt wird. Denn im Grunde handelt es sich bei den Produkten um funktionale Oberbekleidung. Canada Goose entwickelt Jacken für Menschen, die an den kältesten Orten der Welt arbeiten: Im Inneren des Cold Rooms können die Jacken auf die Probe gestellt werden. Dazu werden Kunden von Mitarbeitern, die ihnen bei der Auswahl der Produkte geholfen haben, in das bibberkalte Zimmer begleitet. Wem das nicht reicht, dem kann zusätzlich ein eisiger Wind um die Nase geblasen werden. Keine Sorge: Die Pusterei kann vom Kunden selbständig reguliert werden. Erfrieren muss in Hongkong auch bei Canada Goose niemand.

Der Raum ist ein unterhaltsames und ungewöhnliches Erlebnis, das Kunden hilft, fundierte Einkaufsentscheidungen zu treffen. Denn experimenteller Einzelhandel darf nicht nur sensationell sein: Vor allem sollte er nützlich und relevant sein. Einige Kunden wollen die arktischen Temperaturen vor dem Kauf der Jacke testen. Andere wollen einmal spüren, wie ihr Körper bei diesen Temperaturen reagiert. Das eröffnet die Chance, auch für Menschen ein positives Markenerlebnis zu schaffen, die noch keine Canada-Goose-Kunden sind, aber eines Tages sein könnten.

Lange Menschenschlangen vor den Cold Rooms sprechen für ihren Erfolg. Mittlerweile sind diese zu Selfie-Magneten geworden. Canada Goose hat zwischenzeitlich Cold Rooms in der Hälfte seiner Stores eröffnet. Denn sie bieten sowohl Unterhaltung als auch Funktionalität und sind damit ein gutes Beispiel für erlebnisorientierten Einzelhandel, der tatsächlich einen Zweck erfüllt.

DIE **CANADA GOOSE HOLDINGS INC.** WURDE 1957 IN TORONTO IN KANADA GEGRÜNDET. HIER BEFINDET SICH AUCH HEUTE NOCH DER HAUPTSITZ DER LUXUSMARKE. DER WELTWEIT FÜHRENDE HERSTELLER VON HOCHLEISTUNGSBEKLEIDUNG IM LUXUSSEGMENT BIETET EIN BREITES SORTIMENT AN JACKEN, PARKAS, WESTEN, HÜTEN UND HANDSCHUHEN AN. ZIELGRUPPE SIND FRAUEN UND MÄNNER ZWISCHEN 25 UND 45 JAHREN. CANADA GOOSE VERFÜGT ÜBER ELF STORES AUF DREI KONTINENTEN UND BESCHÄFTIGT 3.800 MITARBEITER.

living room
study
living room
SONOS

SONOS:
ZUHAUSE IM STORE

Eine spezielle Herausforderung für das Unternehmen lag darin, einen Ort zu schaffen, an dem Kunden die smarten Lautsprecher mit Leichtigkeit ausprobieren können. Es sollte dabei eine Atmosphäre geschaffen werden, als würde man die Produkte bei Freunden zu Hause testen.

Im ersten Sonos-Flagship-Store im New Yorker Stadtteil SoHo bietet sich Kunden heute auf knapp 400 Quadratmetern genau dieses Erlebnis. Im Store gibt es sieben hochmoderne Sonos Listening Rooms. Diese ähneln Miniaturhäusern, die jeweils so eingerichtet und dekoriert sind, dass sie unterschiedliche Wohnstile repräsentieren. Es kann sich also fast jeder in einem davon zu Hause fühlen. In jedem dieser Häuser steht jede Wand stellvertretend für einen anderen Raum, um unterschiedliche Hörerlebnisse zu simulieren. Käufer können sich in eines der gemütlichen Häuser zurückziehen, ähnlich wie bei einem Besuch bei einem Freund, und die smarten Lautsprechersysteme ohne Störung oder Ablenkung ausprobieren. Dabei stellen sie schnell fest, wie herrlich einfach diese zu bedienen sind.

Die Listening Rooms bestehen aus vier Schichten Akustikplatten und einer Glastür mit Stahlrahmen. So wird sichergestellt, dass die Geräusche in den einzelnen Räumen bleiben. All dies hat viel Entwicklungsarbeit gekostet. Der erste Prototyp in Originalgröße musste gleich wieder abgerissen werden, weil er nicht die gewünschte Klangqualität und Multiroom-Erfahrung bieten konnte. Heute sind die Listening Rooms fester Bestandteil des Sonos-Retail-Konzeptes. Zudem präsentiert der Store Originalkunstwerke und Dekorationen verschiedener Künstler. Im hinteren Bereich befindet sich die »Wall of Sound«, die das Herzstück des Stores ist und aus 297 Lautsprechern und Akustikschaum besteht.

Kunden werden in diesem Store nicht mit Produktreihen bombardiert: Es werden weniger als zehn Produkte angeboten. Es sind auch keine unterschiedlichen Geräusche oder Musik aus jeder Ecke zu hören. Man möchte den Menschen zeigen, wie einfach die Produkte im eigenen Zuhause zum Leben erweckt werden können. Ziel des Stores ist es nicht, dass dieser die Produkte vor Ort verkauft. Stattdessen soll der Store eine Entscheidungshilfe bei der Produktauswahl und ein Erlebnis für die Kunden bieten. Dabei hilft das personalisierte Erlebnis: Jeder Kunde kann im Geschäft seine eigene Musik abspielen und herausfinden, wie Sonos in seinem Zuhause funktionieren würde.

SONOS IST EIN AMERIKANISCHES UNTERHALTUNGSELEKTRONIKUNTERNEHMEN, DAS 2002 IN SANTA BARBARA IM US-BUNDESSTAAT KALIFORNIEN GEGRÜNDET WURDE. HIER BEFINDET SICH AUCH HEUTE NOCH DAS HEADQUARTER. DAS UNTERNEHMEN IST BEKANNT FÜR SEINE HEIM-SOUNDSYSTEME MIT WLAN-FÄHIGEN SMART-LAUTSPRECHERN. DIE AUDIOPRODUKTE WERDEN IN EINEM RETAIL-STORE IN NEW YORK CITY SOWIE BEI ÜBER 7.600 WHOLESALE-PARTNERN WELTWEIT VERKAUFT. SONOS BESCHÄFTIGT DERZEIT RUND 1.500 MITARBEITER WELTWEIT.

B8TA IST EIN AMERIKANISCHES FILIALUNTERNEHMEN, DAS 2015 IN KALIFORNIEN GEGRÜNDET WURDE UND SEIN HEADQUARTER IN SAN FRANCISCO HAT. DAS UNTERNEHMEN BESCHÄFTIGT RUND 150 MITARBEITER UND VERFÜGT ÜBER KNAPP 20 STORES, IN DENEN RETAIL ALS SERVICEMODELL ANGEBOTEN WIRD. B8TA IST EIN SERVICEUNTERNEHMEN, DAS INNOVATIVEN MARKEN SEINE FLÄCHEN IN DEN STORES ALS RETAIL-AUSSTELLUNGSRAUM BEREITSTELLT.

B8TA:
TESTPHASE IM MIET-STORE

Stationärer Handel soll so einfach, intelligent und offen wie der Online-Einkauf sein. Das ist das Credo von B8ta. Das Unternehmen möchte den Kunden die online verfügbaren innovativen Produkte persönlich ausprobieren lassen. Dazu hat es das Modell »Retail as a Service« eingeführt. Marken jeglicher Couleur können sich ganz einfach online anmelden, um im Store Produkte zu platzieren. Daraufhin erhalten sie detaillierte Analysen zur Interaktion und zum Verhalten der Kunden mit den Produkten.

Alles hat mit einem Experimentierladen in Palo Alto, Kalifornien, begonnen und ist heute zu einem landesweiten Netzwerk von Läden herangewachsen. Die Stores sind eher ein Showroom als eine Verkaufsfläche. Online-Händlern mit dem Wunsch, in den physischen Einzelhandel zu expandieren, bietet B8ta das Beste aus beiden Welten: Die Produkte werden für begrenzte Zeit oder dauerhaft präsentiert und Kunden können diese vor dem Online-Einkauf persönlich testen.

Die Stores verwenden Software und Kameras, um den Kundenverkehr nahtlos zu verfolgen. Der Vorteil für Gadget-Hersteller: Sie erfahren, wie die Kunden auf ihre Produkte reagieren. Alles, was es dafür braucht, ist eine kleine Produktauswahl auf den gemieteten Regalen der B8ta-Stores. Und schon erhält der Mieter eine Analyse der mit AI gesammelten Daten über das Kundenverhalten und die Interaktion mit den Produkten im stationären Handel.

B8ta verdient nichts an den Produkten, die in ihren Stores verkauft werden. Es geht auch nicht in erster Linie ums Verkaufen. Die Gerätehersteller wollen vielmehr ihre Produkte am Markt von den Kunden selbst testen lassen, detaillierte Auswertungen erhalten und durch die Ausstellung der Geräte deren Bekanntheit erhöhen. Das Erfolgskonzept von B8ta liegt schlicht und einfach darin, Kunden eine Möglichkeit des Ausprobierens der Produkte zu geben und den Mietern der Fläche eine Auswertung des Kundenverhaltens bereitzustellen. Mit anderen Worten: Retail as a Service.

SAMSUNG IST EIN GLOBALES UNTERNEHMEN MIT HAUPTSITZEN IN SÜDKOREA.
DER 1969 GEGRÜNDETE KONZERN UMFASST ZAHLREICHE TOCHTERUNTERNEHMEN,
VON DENEN DIE MEISTEN UNTER DER MARKE SAMSUNG ZUSAMMENGEFASST SIND.
ES GIBT STORES UND SHOPS AUF DER GANZEN WELT. IN DEN SOGENANNTEN SAMSUNG
EXPERIENCE STORES KÖNNEN PRODUKTE WIE VIRTUAL-REALITY-BRILLEN GETESTET
UND VERSCHIEDENE SERVICEANGEBOTE GENUTZT WERDEN. AKTUELL SIND WELTWEIT
RUND 310.000 MITARBEITER FÜR SAMSUNG ELECTRONICS TÄTIG.

SAMSUNG 837:
RETAIL-TAINMENT

Dieses Ziel mag zunächst paradox erscheinen. Samsung wollte einen Ort schaffen, an dem Kunden keine Produkte kaufen. Stattdessen sollen sie die Produkttechnologie hautnah erleben. Das entsprechende Einzelhandelskonzept, das Samsung »Retail-Tainment« nennt, soll Kultur, Technologie und den Menschen zu einem Kundenerlebnis zusammenführen. Genau das bietet Samsung 837, der Flagship-Store des Unternehmens in New York City.

»Das Geschäft, das nichts verkauft«, so wird Samsung 837 auch genannt. Das stimmt nicht ganz, denn hier wird durchaus etwas verkauft: eine Vorstellung davon, wie viel Freude Samsung-Produkte bereiten können. Entsprechend führen die Mitarbeiter auch kein klassisches Verkaufsgespräch, um die Produkte an den Mann oder die Frau zu bringen. Die Mitarbeiter sind authentisch von Technologie und Kunst begeisterte Menschen. Sie haben ein gutes Auge dafür, wer Hilfe benötigt und wer lieber in Ruhe gelassen werden möchte. Außerdem gibt es einen persönlichen Beratungsservice, der bestehenden und neuen Kunden zeigt, wie sie die Produkte optimal nutzen können.

Der Eingangsbereich des Stores wird von der Hauptbühne dominiert. Sie beeindruckt mit einer dreistöckigen Videowall aus 96 55-Zoll-Flachbildschirmen. Pro Jahr findet hier eine Vielzahl von Musikveranstaltungen mit Top-Künstlern wie John Legend statt. Tritt gerade kein Künstler auf, können Kunden ein Selfie machen und es auf der riesigen Videowall anzeigen lassen. Viele, viele Likes garantiert.

Außerdem gibt es zig Möglichkeiten für Virtual-Reality-Erlebnisse zu jeweils aktuellen Themen wie Reisen, Sport, Musik oder saisonalen Anlässen. Wenn Besucher in eine virtuelle Welt eintauchen und sich überall hin transportieren lassen können, scheint die Zahl der möglichen Erlebnisse schier unbegrenzt. Neben regelmäßig neuen interaktiven Stationen verfügt der Store auch über ein Radio-, Musik- und DJ-Studio, das als interaktiver Hosting-Raum für Radioübertragungen, Podcasts, DJ-Sets, Live-Aufnahmen und Interviews mit Prominenten genutzt wird.

Im Obergeschoss befinden sich die Lounge und das Spielzimmer. Beide sind komfortable Orte zum Entspannen und Ausprobieren von Samsung-Geräten. Im Wohnzimmer kann man am eigenen Computer arbeiten oder sich vorstellen, wie schön dieser 60-Zoll-Flachbildfernseher doch zu Hause aussehen würde. Die angrenzende, voll ausgestatte Küche verfügt über die neuesten Geräte sowie einen mit dem Internet verbundenen Kühlschrank. So kann man während des Einkaufens über das eigene Smartphone in den Kühlschrank daheim schauen und checken, was noch fehlt. Nebenan befindet sich auch das Café. Kaffee, Donuts und Cookies sind offenbar die einzigen Dinge, die man wirklich in diesem Store kaufen kann. Selbstverständlich lässt sich hier auch mit Samsung Pay bezahlen.

Viele Installationen des Geschäfts sind so konzipiert, dass Besucher Bilder und Videos aufnehmen und diese mit ihren Freunden in den sozialen Medien teilen können. Daher misst sich der Erfolg des Stores auch nicht an seinen Umsatzzahlen, sondern an seiner Präsenz in den sozialen Netzwerken. Samsung 837 ist ein smartes Einzelhandelskonzept, das kulturelle Ereignisse und das Produkterlebnis auf einem technischen Spielplatz zusammenführt.

NORTH GAL
TH GALLERY
TOGETHER, LET'S CREATE THE NEXT CHAPTER.
Apple Carnegie Library

APPLE:
APFEL DER ERKENNTNIS

Apple ist führend bei der Entwicklung innovativer und benutzerfreundlicher Computerprodukte. Genauso innovativ geht das Unternehmen auch im Einzelhandel vor. Die Maxime lautete: Apple-Stores sollten zu einem Ort des Lernens und Treffens von Gleichgesinnten werden. Heute verbindet Apple seine Produkte und Dienstleistungen fast nahtlos miteinander. Kunden können vor Ort Produkte testen und das nötige Fachwissen von Profis erlernen. Der biblische »Apfel vom Baum der Erkenntnis«, der in Apples Logo anklingt, ergibt in den Stores gleich doppelt Sinn.

Verbraucher investieren viel Zeit und Mühe in die Recherche ihrer Einkäufe. Sie sammeln Informationen, die für sie wichtig sind. Apple dachte sich: Einzelhändler können doch genau diese Informationen bereitstellen. Nicht als Marketingkampagne, sondern als kostenloses Serviceangebot. Das Schulungskonzept »Today at Apple« bietet ebenjenen Service: praktisches Wissen für den Umgang mit Apple-Technik. In mehr als 50 Veranstaltungen geben hochqualifizierte Teammitglieder ihr Fachwissen in kostenlosen Store-Sessions an Apple-Kunden weiter.

»Today at Apple« richtet sich an Kunden aller Altersgruppen und bietet die Lerninhalte in allen Schwierigkeitsstufen an. Im »Music Lab for Kids« erlernen Sechs- bis Zwölfjährige, wie sie mit dem Programm GarageBand auf dem iPad einen Titelsong für Ihre Lieblingsshow produzieren. Erwachsenen wird in einer App-Session vermittelt, wie man mit Keynote eine App-Idee entwickelt und umsetzt. Es gibt ein weites Spektrum an Kursen rund um die Themen Foto, Video, Musik, Codierung, Kunst und Design. Es versteht sich von selbst, dass sich alle Kurse ausschließlich auf Funktionen von Apple-Produkten konzentrieren.

Das Apple-Bildungsprogramm zielt darauf ab, Kunden den Umgang mit Apple-Technologie zu erleichtern. Denn wer kennt nicht die Verzweiflung, wenn einen die Technik an der Nase herumzuführen scheint und sie alles andere tut, als zu funktionieren? Hier geht es deshalb vor allem um eins: neues praktisches Wissen vermitteln. Denn Kunden wollen dazulernen und ihr Know-how auf das nächste Level heben. Dafür wünschen sie sich Unterstützung von Profis. Genau so lassen sich Kunden begeistern, inspirieren und binden.

APPLE INC. IST EIN GLOBALES TECHNOLOGIEUNTERNEHMEN MIT HAUPTSITZ IN CUPERTINO, KALIFORNIEN. DER 1976 GEGRÜNDETE KONZERN ENTWICKELT UND VERTREIBT UNTERHALTUNGSELEKTRONIK, COMPUTER-SOFTWARE UND ONLINE-DIENSTE. APPLE IST DAS UMSATZSTÄRKSTE TECHNOLOGIEUNTERNEHMEN UND DRITTGRÖSSTER MOBILTELEFONHERSTELLER DER WELT. DAS PRODUKTSORTIMENT UMFASST SMARTPHONES, TABLETS, COMPUTER, TRAGBARE MEDIA-PLAYER, SMARTWATCHES, OHRHÖRER, SMART-LAUTSPRECHER, SOFTWARE, ONLINE-DIENSTE UND BEZAHLSYSTEME. DER ERSTE VON MEHR ALS 500 STORES AUF FÜNF KONTINENTEN WURDE IM JAHR 2001 ERÖFFNET. AKTUELL SIND FÜR DAS UNTERNEHMEN ÜBER 100.000 VOLLZEITBESCHÄFTIGTE TÄTIG.

BEZAHLTES ERLEBNIS

Einzelhändler suchen nach Möglichkeiten, den Einfluss ihrer Marke zu erweitern. Sie müssen authentische neue Wege finden, um die Marke mit Kunden zu verbinden. In diesem Kapitel erfahren Sie, wie sich vom Kunden bezahlte Markenerlebnisse schaffen lassen. Markenerlebnisse, die über das normale Kerngeschäft hinausgehen. Doch welche Geschäftsfelder außerhalb Ihres eigenen Kerngeschäfts kommen dafür überhaupt infrage? Und mit welchen können Sie auch wirklich ein neues und authentisches Markenerlebnis schaffen?

Das Schlüsselwort lautet hier Diversifikation. Es beschreibt eine Wachstumsstrategie, bei der Produkte, Dienstleistungen und Märkte zum Kerngeschäft des Unternehmens hinzugefügt werden. Diversifikation kann zu einem neuen Markenerlebnis führen. Zeitschriften eröffnen ihre eigenen Food Markets, Fitnessstudios tragen mit Fitness-Boutique-Hotels die Marke in einen neuen Lebensbereich ihrer Kunden.

Beim Experimentieren mit neuen Kategorien oder Branchen zur Erweiterung sollte man sich zuerst fragen: Welche Produkte oder Dienstleistungen haben das Potenzial, ein neues Markenerlebnis für den Kunden darzustellen? Das kann eine komplett neue Branche sein wie ein Barber-Shop, der nun als Markenerweiterung eine Whisky-Lounge eröffnet. Oder ein neu entwickeltes Produkt, das neben dem neuen Markenerlebnis weitere Kundenvorteile bietet. Apple führte seine Titan-Kreditkarte in den Markt ein und bietet seither ein Kundenerlebnis, das von der Auswahl der Produkte bis hin zum abschließenden Kaufvorgang reicht. Alternativ kann das Geschäft auch durch verwandte Produkte erweitert werden. So können beispielsweise in einer Parfümerie auch Beauty-Behandlungen als erweiterndes Markenerlebnis angeboten werden. Oder man überlegt sich, wo die eigenen Produkte zusätzlich präsentiert und hautnah erlebt werden können: Denkbar wäre hier zum Beispiel ein Einrichtungshaus, das ein Hotel unter der gleichen Marke eröffnet und mit seinen eigenen Möbeln ausstattet.

Von elementarer Bedeutung ist dabei immer, dass die Erweiterung der Marke durch eine bezahlte Erfahrung wirklich ein Kundenerlebnis darstellt. Wenn eine Sportmarke ein Café eröffnet, dann sollte das also nicht einfach nur ein Ausstellungsraum der eigenen Produkte sein. Eine clevere Produktplatzierung ist entscheidend für den Erfolg. Aber das sollte nur ein Teil des Konzeptes sein. Wichtig ist, dass das Konzept nicht austauschbar ist, ein Erlebnis darstellt und die Marke in ihren vielen verschiedenen Aspekten wiederspiegelt. Im Falle des Cafés umfasst es das Kundenerlebnis vom Betreten bis zum Verlassen des Raumes; es reicht von der Einrichtung über die Musik bis zu den Mitarbeitern.

Um ein neues Kundenerlebnis zu schaffen, müssen Marken ihr Angebot über Produkte hinaus erweitern. Denn: Eine Marke ist viel mehr als nur die Summe ihrer Produkte. Eine Marke ist ein Erlebnis. Und Kunden sind bereit, für ein solches Erlebnis zu zahlen. Das bietet neben einer neuen Einnahmequelle auch die große Chance einer starken Kundenbindung. Achten Sie jedoch darauf, sich nicht zu weit von Ihrem Kerngeschäft und aus Ihrer Komfortzone zu entfernen. Denn die Ausweitung auf neue Geschäftsfelder wird unweigerlich Zeit des Managements in Anspruch nehmen und damit die Aufmerksamkeit von anderen Teilen Ihres Geschäfts ablenken, die aktuell den Erfolg des Unternehmens ausmachen.

BEZAHLTES
ERLEBNIS

CALL TO ACTION

- Überlegen Sie sich, in welche angrenzenden Marktsegmente Ihr Produkt passt oder durch welche Produkte Sie Ihr Markenerlebnis erweitern können.

- Analysieren Sie, mit welchen Partnerschafen Sie die Kompetenz, den Standort oder das Netzwerk Ihrer Partner für sich nutzen können.

- Stellen Sie sicher, dass die gesamte Kundenerfahrung zu einem Erlebnis wird, das zu Ihrer Marke passt.

EINE MARKE
IST VIEL MEHR ALS
DIE SUMME IHRER
PRODUKTE.«

TIFFANY & CO.:
BREAKFAST AT TIFFANY'S

Selbst der Klassiker Tiffany & Co. ist nicht immun gegen die sich wandelnde Handelslandschaft. Sinkende Zahlen von Eheschließungen machen sein Geschäft auch nicht leichter. Davon einmal abgesehen, sollte man immer auf der Suche nach neuen, aufregenden Möglichkeiten und Konzepten sein, um Kunden zu binden und zu gewinnen. Viele Einzelhändler betreiben seit Jahrzehnten Cafés, um einen zusätzlichen Service anzubieten und die Kundenfrequenz zu erhöhen. Doch bei wahrscheinlich keiner anderen Marke lässt sich ein Café so gut als neues Markenerlebnis inszenieren wie bei Tiffany's.

Seit Audrey Hepburn vor über 50 Jahren als Holly Golightly sehnsuchtsvoll in die funkelnde Schaufensterauslage des edlen Juweliers blickte und ein Croissant aß, ist der Film »Breakfast at Tiffany's« ein Teil der Marke. Heute muss man zum Frühstücken nicht mehr mit einer Papiertüte vor dem Fenster stehen, denn Tiffany & Co. verfügt über ein eigenes Café. Mit dem Blue Box Cafe an der berühmten New Yorker Fifth Avenue, dem Originalfilmschauplatz, werden auch neue Zielgruppen an die Marke herangeführt. Wer sich vielleicht keinen Diamantring

leisten kann, wird sich vielleicht das »Breakfast at Tiffany« für 29 Dollar gönnen, um dennoch in die glamourös-romantische Welt von Tiffany einzutauchen.

Im Film gab es den Kaffee noch aus einem Pappbecher, das sieht in der heutigen Zeit der Nachhaltigkeitsgebote natürlich anders aus. Tiffany's bietet seinen Gästen das Frühstück natürlich ganztägig an – das Partygirl Holly war ja auch keine Frühaufsteherin. Im vierten Stock des Luxusjuweliers, auf der Etage für Wohnaccessoires, liegt das Café mit direktem Blick auf den Central Park. Der Raum, die Stühle und das Geschirr sind in Tiffany-Blautönen gehalten, in die Wände sind Vitrinen eingelassen. Das Café lässt seine Besucher zeitgemäßen Luxus erleben und ermöglicht ein besonderes, neues Markenerlebnis.

Natürlich wurde auch an Social Media gedacht. Überall finden sich fotofreundliche Spots, die komplett in den Markenfarben Blau und Weiß gehalten sind. Das Blue Box Cafe ermöglicht Kunden jeden Einkommens Zugang in die Glamour-Welt von Tiffany & Co. – und sei es nur für ein Selfie.

DAS 1837 GEGRÜNDETE UNTERNEHMEN **TIFFANY & CO.** – BESSER ALS TIFFANY'S BEKANNT – IST EIN AMERIKANISCHER LUXUSSCHMUCKHÄNDLER MIT HAUPTSITZ IN NEW YORK CITY, USA. NEBEN SCHMUCK UND STERLINGSILBER WERDEN IN DEN WELTWEIT 300 STORES AUCH PORZELLAN, KRISTALL, DÜFTE, UHREN UND ACCESSOIRES VERKAUFT. DIE ANZAHL DER MITARBEITER LIEGT BEI ÜBER 14.000.

AMERICAN GIRL IST EINE SERIE VON 46 ZENTIMETER GROSSEN PUPPEN, DIE 1986 VON PLEASANT COMPANY HERAUSGEBRACHT WURDEN. MITTLERWEILE IST AMERICAN GIRL EINE TOCHTERGESELLSCHAFT VON MATTEL MIT HAUPTSITZ IN WISCONSIN, USA. 1998 WURDE DER ERSTE RETAIL STORE »AMERICAN GIRL PLACE« IN CHICAGO ERÖFFNET. ES GIBT 17 DIESER STORES IN DEN USA UND EINZELHANDELSPARTNER IN KANADA UND DEN VEREINIGTEN ARABISCHEN EMIRATEN. DAS UNTERNEHMEN BESCHÄFTIGT RUND 1.700 MITARBEITER UND VERDOPPELT DIESE ANZAHL WÄHREND DER WEIHNACHTSZEIT.

AMERICAN GIRL:
WELLNESS FÜR DIE PUPPE

Den Erlebnis-Retail hat American Girl bereits vor über 20 Jahren für sich entdeckt. Bis 1998 waren die Puppen ausschließlich im Versandhandel erhältlich. Und schon damals waren die Stores mehr als ein reiner Verkaufsraum. Die Puppen wurden in Aktion gezeigt. Es gab Bistros, Puppensalons, ein Puppenkrankenhaus und ein Angebot an exklusiven Produkten. Der Besuch eines American-Girl-Place-Stores sollte – damals wie heute – mehr als ein Ort des Kaufens sein: Es sollte ein Markenerlebnis für American-Girl-Fans sein.

Dem Produktkonzept ist man bis heute treu geblieben: Die Puppen zeigen acht- bis zwölfjährige Mädchen verschiedener Ethnien. Sie werden mit begleitenden Büchern verkauft, deren Erzählperspektive die Sicht der Mädchen ist. Eine Vielzahl von Kleidung und Accessoires ist ebenfalls erhältlich. Hinzugekommen ist ein Service für die Bestellung von maßgeschneiderten Puppen mit individuellem Aussehen und Kleidungsstücken nach Wunsch.

American Girl hat das »Bezahlte Erlebnis« für fast alle denkbaren Bereiche genutzt, um ein allumfassendes Markenerlebnis in den Stores zu kreieren. Bei »Unfällen« helfen die Experten des American-Girl-Puppenkrankenhauses. Von der gründlichen Reinigung bis hin zur »großen Operation« behandeln die »Ärzte« jede Puppe. Für 14 Dollar gibt es sogar Hörgeräte für die kleinen Damen. Im American-Girl-Frisiersalon können die jungen Kundinnen in Lookbooks ein Puppenstyling auswählen und dabei zusehen, wie diese vor Ort verwandelt werden. Außerdem kann man direkt den »Spa Deluxe Day«, eine Maniküre aus selbstklebenden Fingernägeln oder Ohrlochstechen für die Puppe dazu buchen.

Im American-Girl-Restaurant lassen sich Groß und Klein an winzigen Tischchen Brunch, Lunch, Afternoon Tea oder Dinner servieren: Eingedeckt wird selbstverständlich für die Mädchen und für ihre Puppen. Zusätzlich können unterschiedliche Geburtstagsparty-Pakete oder eine VIP-Shopping-Nacht reserviert werden. Und wem das noch nicht reicht, der kann auch die American-Girl-Hotelpauschalen buchen. Übernachtet wird in einem Partnerhotel, in dem die Puppe wie ein VIP behandelt wird und in einem exklusiv bereitgestellten Puppenbett schläft. Das klingt verrück? Sicher. Aber die kleinen Ladies lieben es.

So verschafft American Girl jedem Mädchen den perfekten Tag. Eine Erfahrung, die man sich gut bezahlen lässt und die neben lebenslangen Erinnerungen eine langanhaltende Markentreue mit sich bringt. Am besten auch für die Kindeskinder von übermorgen.

MUJI:
ESSEN, SCHLAFEN, SHOPPEN

Hotels sind die neuen Showrooms für den Einzelhandel. Möbel- und Haushaltswarengeschäfte steigen vermehrt in die Hotellerie ein. Der Grund: Hotels sind ein perfekter Ort dafür, dass der Kunde mit der Marke in Kontakt kommen kann. Für Muji stellt das Angebot eigener Hotels die Möglichkeit einer nahtlosen Markenerfahrung dar. Die minimalistischen und geradlinig gestalteten Produkte des japanischen Einzelhändlers passen optimal zur Ästhetik unserer Zeit und den Wünschen moderner Reisender.

Die Interieur-Ästhetik von Muji-Hotels ist zurückhaltend, minimalistisch und funktionell, denn genau dafür ist der Einzelhändler auch in seinen anderen Produktsegmenten bekannt. Die Raumgestaltung besticht durch eine geradlinige Gestaltung, die sich sogar in der Textur der Handtücher und Anordnung von Steckdosen und Lichtschaltern wiederfindet. Helle Holzmöbel werden mit neutralen Textilien und grünen Pflanzen kombiniert und bilden im zurückhaltenden Zusammenspiel eine beruhigende Ästhetik.

Aktuell gibt es drei Muji-Hotels: in Shenzhen, Peking und Tokio. Letzteres wurde im Frühjahr 2019 im Stadtteil Ginza eröffnet. Ginza ist das Zentrum des Luxus-Shoppings in Tokio. Das Hotel befindet sich in der obersten Etage des Muji-Flagship-Stores. Der Muji-Ginza-Flagship-Store und das Muji-Hotel bieten Kunden eine Umgebung, in der sie die Unternehmensphilosophie selbst erleben können. Mit dem Unterschied, dass der Kunde im Hotelzimmer hinter sich die Tür schließen und die Produkte ganz in Ruhe wie im eigenen Zuhause testen kann.

Nahezu alles, was in den Hotelzimmern ausgestellt ist, ist für die Gäste auch erhältlich. Vom preisgekrönten Wand-CD-Player über die Federkissen und -decken bis hin zu Zahnbürstenständern, Wattestäbchen und Hausschuhen. Auch wenn es sich durchweg um Muji-Produkte handelt: Die Integration ist immer subtil und durchdacht. Muji bietet seinen Kunden ein umfassendes Markenerlebnis. Und das zu einem fairen Preis. Genau wofür die Marke steht: einfach, kostengünstig und qualitativ hochwertig.

DAS 1980 GEGRÜNDETE UNTERNEHMEN HAT SEIN HEADQUARTER IN TOKIO, JAPAN. **MUJI** LEITET SICH AB VON DEN JAPANISCHEN WORTEN MUJIRUSHI RYOHIN UND BEDEUTET »MARKENLOSE QUALITÄTSWARE«. ENTSPRECHEND HAT SICH DAS UNTERNEHMEN DAS ZIEL GESETZT, EINFACHE, KOSTENGÜNSTIGE UND QUALITATIV HOCHWERTIGE PRODUKTE HERZUSTELLEN UND ZU VERTRIEBEN. WELTWEIT GIBT ES MEHR ALS 900 MUJI-STORES, DIE EIN BREITES SORTIMENT AUS HAUSHALTSWAREN, BEKLEIDUNG UND LEBENSMITTELN FÜHREN. DURCHSCHNITTLICH VERFÜGEN DIE GESCHÄFTE ÜBER EINE FLÄCHE VON 200 QUADRATMETERN. DAS UNTERNEHMEN HAT BEWUSST KEINE DEFINIERTE ZIELGRUPPE, ES RICHTET SICH AN JEDEN, DER SICH DER MUJI-PHILOSOPHIE VERBUNDEN FÜHLT. MUJI BESCHÄFTIGT WELTWEIT ÜBER 19.000 MITARBEITER.

POP-UP-SHOP

Kunden wollen im Einzelhandel Neues sehen und Neues erleben. Sie wollen überrascht, inspiriert und animiert werden. Das kann über Produkte oder Erlebnisse erfolgen, die der Kunde im Geschäft nicht erwartet. Doch wie kann ein Unternehmen in der Praxis sicherstellen, seinen Kunden immer wieder dieses Neue zu bieten? Eine mögliche Lösung lautet: Pop-up-Shops: eine Fläche im Store, die zeitlich begrenzt für die Ausstellung von Produkten oder Dienstleistungen genutzt wird. Klar, das ist nicht neu. Neu ist aber, dass die Pop-up-Shops ein fester Bestandteil der Einzelhandelsstrategie sind.

Es kann eine oder auch mehrere Flächen im Store geben, die entweder dauerhaft für wechselnde Pop-up-Shops oder auch ganz flexibel, je nach Bedarf, auf- und abgebaut werden. Wichtig ist dabei immer: Die Flächen müssen sich klar vom restlichen Store abheben. Sie bieten jeden erdenklichen Spielraum, um kreativ zu sein und wirklich neue Erlebnisse zu schaffen. Und das ist ein großer Vorteil, denn »neu« zieht Kunden an. Der zweite große Vorteil ist, dass das Angebot nur zeitlich begrenzt erhältlich ist. Jeder wird das von sich selbst kennen: Man greift meist schneller zu, wenn man weiß, dass ein Produkt schon bald nicht mehr zu haben sein wird.

Pop-up-Shops eignen sich auch hervorragend, um Neues zu testen. Das können neue Marken, Konzepte, Produkte oder Erweiterungen Ihres Sortiments sein. Wenn Sie beispielsweise darüber nachdenken, ein neues Produkt einzuführen, dann ist ein Pop-up-Shop ein optimaler Weg für einen Testlauf. Hier können Sie direkt mit den Kunden sprechen und Feedback einholen. Aufgrund der Größe und der Tatsache, dass der Pop-up-Shop ohnehin anders aussieht als der restliche Store, sind Anpassungen auf Basis des Kunden-Feedbacks schnell und unproblematisch möglich. Das »Testlabor Pop-up Shop« kann somit in kurzer Zeit wertvolle Zahlen und Kundenresonanz zu neuen Produkten liefern.

Eine andere Möglichkeit für den Einsatz von Pop-up-Shops sind Partnerschaften mit Unternehmen, die entweder dieselben Kunden wie Sie bedienen oder eine Erweiterung Ihres eigenen Kundenkreises versprechen. Sie können mit dem Pop-up-Einzelhandel Produkte oder Leistungen anbieten, die ohne die Fachkompetenz des Partners vielleicht nicht möglich wären. Oder Sie vermieten die Fläche gewinnbringend. Es ist nicht ungewöhnlich, dass Marken für mehr Präsenz im stationären Handel bereit sind zu bezahlen oder die Kosten für Design, Produktion und Umsetzung eines Pop-up-Shops übernehmen. Es lohnt sich immer, die eigenen Warenlieferanten darauf anzusprechen. Eine Partnerschaft ist in beide Richtungen möglich: ein Pop-up kann auf Ihrer Fläche errichtet werden oder Sie suchen sich Partner, bei denen Sie Ihre Waren auf einer solchen Sonderfläche anbieten. Neben Einzelhandelsflächen eignen sich auch Veranstaltungen für Pop-up-Shops.

Vielleicht möchten Sie aber auch eine Auswahl an Waren aus Ihrem Store zusammen präsentieren. Auch hierzu eignet sich das Konzept Pop-up-Shop bestens. Denkbar sind Produkte zu einem Thema, einem Trend oder auch zu einer Produktgruppe. Beispiel Halloween: Am Süßes-oder-Saures-Tag wird von Kostümen über Süßwaren bis hin zur Dekoration alles zu diesem einzigen Thema zusammengefasst. Aktuelle Trends eignen sich ebenfalls, um einen Pop-up zu kreieren. Erstellen Sie eine Auswahl der Produkte, die aktuell das größte Kundeninteresse finden.

POP-UP-
SHOP

Egal, welche Warenwelten Sie gestalten: Sie brauchen eine hohe Kundenfrequenz, damit Ihr Konzept Erfolg hat. Dafür bietet es sich an, die sozialen Medien auf lokaler Ebene zu nutzen. Mit den richtigen Hashtags und gut geplanten Events werden Kunden in den Store gelockt, um dann in Ihrem Pop-up-Shop eine neue Markenerfahrung zu machen.

Pop-up-Shops können eine dauerhafte Strategie für Ihren Einzelhandel sein. Den Kunden bieten sie wechselnde Neuheiten und Erlebnisse. Ihnen bieten sie eine Testfläche mit direktem Kunden-Feedback. Das kann für die Unternehmensentscheidungen sehr wertvoll sein. Pop-ups eignen sich so gut als wechselnde Testflächen, weil sie ein hohes Maß an Flexibilität und Schnelligkeit bieten.

CALL TO ACTION

- Wählen Sie für Ihre Pop-up-Shops die Marken, Konzepte, Produkte, Partner oder Themen so aus, dass sie Ihren Kunden ein neues Markenerlebnis bieten.

- Positionieren Sie den Shop in einem frequenzstarken und gut sichtbaren Bereich Ihres Stores.

- Seien Sie kreativ bei der Gestaltung und scheuen Sie sich nicht, es einmal komplett anders als im restlichen Store zu machen.

- Befragen Sie Ihre Kunden und leiten Sie direkt Maßnahmen ab, um einen maximalen Erfolg des Pop-up-Shops sicherzustellen.

FOOT LOCKER:
SNEAKERS AUF TOURNEE

Bei den großen Events der US-amerikanischen Basketball-Saison kommen zehntausende Fans dieses Nationalsports zusammen. Ein großer Teil von ihnen gehört haargenau zur Zielgruppe von House of Hoops. Anstatt nun mühsam zu versuchen, all diese Menschen in die Stores zu bringen, kann man es doch einfach umgekehrt machen: Man bringt den Store zu den Fans. Mit dem »HOH Courtside«-Pop-up hat Foot Locker genau das getan.

Zum Auftakt der NBA-Saison 2018/19 sind Nike und Foot Locker ein Joint Venture eingegangen. Zusammen starteten sie eine Pop-up-Tour zu den wichtigsten Basketball-Events der USA. »HOH Courtside« bot exklusive Produkteinführungen, Sneakers von Nike, Jordan und Converse sowie Nike Sportswear und NBA-lizenzierte Artikel. Ein Highlight war der Customization-Bereich, in dem Athleten und Fans die Produkte zu Unikaten machen konnten. So konnten die Fans auch vor und nach den Spielen ganz in das NBA-Event als ein eindrucksvolles Erlebnis eintauchen.

Der Pop-up wurde aus mehreren großen Würfeln gestaltet, die jeweils drei Quadratmeter groß waren und individuell angeordnet werden konnten. Entscheidend war, dass alle Elemente problemlos für den Transport geeignet waren. In weniger als drei Wochen wurde der Pop-up gefertigt. Er bestand aus Stahlunterkonstruktionen mit Holzrahmen, LED-Beleuchtung, integrierten Steckwänden und Grafikelementen.

Die »HOH Courtside«-Pop-up-Tour war ein großer Erfolg. Zehntausende Menschen haben in der kurzen Zeit ein neues Markenerlebnis machen können. Unzählige Paar Schuhe wurden individualisiert, einige Produkte waren schnell komplett ausverkauft. Auch die Social-Media-Strategie ging auf. Auf den sozialen Plattformen war der Pop-up stark vertreten, weil Kunden viele Fotos machten und sie anschließend teilten.

DIE **FOOT LOCKER, INC.** IST EINE GLOBALE EINZELHANDELSKETTE FÜR SPORTLICHE KLEIDUNG UND SCHUHE. GEGRÜNDET WURDE DAS UNTERNEHMEN IM JAHR 1974. DER FIRMENHAUPTSITZ IST IN MANHATTAN IN NEW YORK CITY, USA. WELTWEIT GIBT ES ÜBER 3.200 STORES IN 27 LÄNDERN MIT KNAPP 50.000 MITARBEITERN. DAS SORTIMENT UMFASST SNEAKERS, BEKLEIDUNG UND ACCESSOIRES, WOBEI FAST 70 PROZENT DER PRODUKTE VON NIKE STAMMEN. SEIT DEM JAHR 2007 GIBT ES HOUSE OF HOOPS BY FOOT LOCKER ALS EIGENSTÄNDIGE STORES ODER SHOP-IN-SHOPS. DAS UNTERNEHMEN BIETET PREMIUM-SNEAKERS UND BEKLEIDUNG VON NIKE, JORDAN UND CONVERSE AN.

NORDSTROM:
POP-IN-BOUTIQUE

Bereits vor einigen Jahren wurde bei Nordstrom eine Pop-up-Strategie entwickelt, um den Kunden immer wieder einzigartige Erlebnisse zu bieten. Damit können auch jüngere Kunden angesprochen werden und Menschen den Store besuchen, die sonst vielleicht nicht bei Nordstrom einkaufen. Man wollte die Einheitlichkeit des Stores bewusst unterbrechen und eine permanente Pop-up-Fläche mit einem Boutique-Charakter schaffen, wie er für unabhängige Einzelhändler typisch ist.

Seit Ende 2013 gibt es Pop-In@Nordstrom, eine fortlaufende Reihe thematischer Pop-up-Shops. Das Sortiment wechselt alle vier bis sechs Wochen, um Kunden fortlaufend neue interessante Erlebnisse als Gründe für die Wiederkehr zu geben. Das Konzept bietet zwei Varianten. Die erste ist ein Pop-up-Shop zu einer Themenwelt, die aus verschiedenen Produktkategorien und Marken zusammengestellt wird; die andere Variante ist ein Pop-up-Shop aus einer Partnerschaft mit einer einzigen Marke. Im letzten Fall wird einem aufstrebenden Designer eine Bühne geboten, um im stationären Handel Präsenz zu zeigen.

Die Produkte der Pop-ups sind handverlesen und erzählen eine durchgängige Geschichte. Dabei handelt es sich um Artikel, die normalerweise nicht in Nordstrom-Stores zu finden sind. Hier können durchschnittliche Shopping-Center-Kunden auch Marken finden, die sie bislang vielleicht noch nicht näher kannten. Das reicht von aufstrebenden Labels über Sammlerstücke bis hin zu Luxusartikeln. Die Konzepte greifen aktuelle Trends auf. Man möchte dem Kunden genau die Produkte anbieten, an denen man im Nordstrom-Team vielleicht gerade selbst Freude hat.

Die Pop-up-Shops werden zu jedem Thema individuell gestaltet. Damit erregt man Neugier und überrascht die Kunden immer wieder aufs Neue. All das mit einem enormen Tempo. Von der Inspiration über Produktauswahl und -einkauf bis hin zur Umsetzung in den Stores vergehen nur wenige Monate.

NORDSTROM INC. IST EINE AMERIKANISCHE LUXUSKAUFHAUSKETTE MIT HAUPTSITZ IN SEATTLE IM US- BUNDESSTAAT WASHINGTON. DAS 1901 GEGRÜNDETE UNTERNEHMEN BESCHÄFTIGT ÜBER 70.000 MITARBEITER UND HAT KNAPP 400 STORES IN DEN USA UND KANADA. NORDSTROM FÜHRT BEKLEIDUNG, ACCESSOIRES, SCHUHE, KOSMETIKA UND DÜFTE. IN AUSGEWÄHLTEN GESCHÄFTEN GIBT ES AUCH ABTEILUNGEN FÜR HOCHZEITS-BEKLEIDUNG UND EINRICHTUNGSGEGENSTÄNDE.

THE LYING DOWN CLUB
THE LYING DOWN CLUB
THE LYING DOWN CLUB
THE LYING DOWN CLUB
THE LYING DOWN CLUB

JOHN LEWIS & PARTNERS:
POWER-NAP IM KAUFHAUS

In-Store-Konzepte rund um Gesundheit und Wellness sind bei Verbrauchern schon seit Jahren sehr beliebt. Aus gutem Grund, denn in unserer beschleunigten, globalen Welt werden Momente der Ruhe immer wertvoller. Kein Wunder, dass Strategien zum Warenthema Schlaf immer wichtiger werden. Das Thema reicht von Matratzen über Bettwaren bis hin zu Pyjamas und Nachtpflegeprodukten. John Lewis & Partners haben sich mit dem Lifestyle-Blog »The Midult« zusammengetan und den Pop-up »The Lying Down Club« mit einer Produktwelt zum Thema Schlaf entwickelt.

Die Bettenabteilung im dritten Stock des Londoner Flagship-Stores wurde kurzerhand in einen Schlafsaal verwandelt. Hier bekamen Kunden während der Pop-up-Aktion zwischen 18 und 20 Uhr die Gelegenheit, ein erholsames Nickerchen zu machen. Bei Ankunft erhielt man einen kuscheligen Bademantel, Hausschuhe zum Wohlfühlen, einen Kopfhörer mit Geräuschunterdrückung und eine Augenmaske wie im Flieger. Besucher konnten sich von Spa-Experten massieren lassen oder mit einer Virtual-Reality-Brille einen Kurztrip auf die Malediven machen. Wer einfach nur seine Ruhe haben wollte, konnte in den selbstverständlich frisch bezogenen Betten entspannen.

Die zweistündigen Sitzungen waren im Vorfeld online zu buchen – die Zielgruppe mit Schlafdefizit und Auszeitsehnsucht ist eben groß. Zu einem Preis von 15 Pfund konnten es sich bis zu zwei Personen in einem Doppelzimmer gemütlich machen. Snacks und alle Serviceleistungen waren inklusive. Das zweitägige Pop-up-Event hat viel Aufmerksamkeit auf sich gezogen, weltweit berichteten Medien über das horizontale Markenerlebnis mitten in der City.

JOHN LEWIS & PARTNERS IST EINE BRITISCHE KETTE VON LUXUS-KAUFHÄUSERN. SEIT DER ERÖFFNUNG DES ERSTEN STORES IN DER LONDONER OXFORD STREET IM JAHR 1864 WURDEN 50 WEITERE HÄUSER IN GROSSBRITANNIEN ERÖFFNET. HEUTE BESCHÄFTIGT DAS UNTERNEHMEN ÜBER 28.100 MITARBEITER, DIE ALS PARTNER BETRACHTET WERDEN. AUF DEN VERKAUFSFLÄCHEN VON DURCHSCHNITTLICH 12.200 QUADRATMETERN WERDEN MODE, KOSMETIK, MÖBEL UND HAUSHALTSWAREN ANGEBOTEN. DIE KERNZIELGRUPPE UMFASST FRAUEN UND MÄNNER ZWISCHEN 35 UND 44 JAHREN.

JELMOLI:
DESTINATION TO INNOVATION

Jelmoli hat sich als Ziel gesetzt, einen Pop-up-Shop für Fans von smarten Gadgets und technischen Innovationen zu schaffen. Dafür ist man 2018 eine Partnerschaft mit dem britischen Start-up-Unternehmen Smartech eingegangen, was zur Eröffnung des Pop-ups »Destination to Innovation« führte.

Was machte Smartech als Partner so attraktiv? Das Unternehmen spürt weltweit technische Neuheiten auf und verhilft den Erfindern, ihre eigenen Geschichten zu erzählen. Nur die besten Produkte mit spannenden Visionen werden in das Sortiment aufgenommen. Mittlerweile sieht man sie in den größten Kaufhäusern Europas. Smartech präsentiert bei Jelmoli exklusive Lifestyle-Gadgets. Dazu gehören etwa Bilderrahmen, die das Bild je nach Lust und Laune anpassen; Snapchat-Brillen, die am und im Wasser jeden Moment festhalten und die Bilder im Anschluss in sozialen Netzwerken posten; Drohnen, die selbstständig fliegen und dem Benutzer folgen; spielerische Fütterungs- und Videosysteme für Hunde und vieles mehr.

Jedes Gerät kann direkt im Store ausprobiert werden. Ergänzend gibt es auf den Displays interessante Hintergrundinformationen und Videos. Für Jelmoli-Kunden stellen die ständig wechselnden innovativen Produkte eine spannende Erweiterung des Sortiments dar. Die Strategie der Schweizer geht offensichtlich auf: Der erfolgreiche Pop-up »Destination to Innovation« wird seither jährlich verlängert.

DAS MODEGESCHÄFT **JELMOLI** WURDE 1833 IN ZÜRICH GEGRÜNDET. HEUTE IST ES DAS GRÖSSTE PREMIUM-KAUFHAUS DER SCHWEIZ: AUF SECHS STOCKWERKEN UND 24.000 QUADRATMETERN VERKAUFSFLÄCHE WERDEN KNAPP 1.000 MARKEN ANGEBOTEN. MEHR ALS 1.000 MITARBEITER SIND AN DIESEM STANDORT BESCHÄFTIGT. DAS SORTIMENT UMFASST BEKLEIDUNG, ACCESSOIRES, KOSMETIK, SCHMUCK UND EINRICHTUNGSGEGENSTÄNDE, AUSSERDEM GIBT ES DIVERSE GASTRONOMIEKONZEPTE UND EINEN FOOD MARKET. ES RICHTET SICH AN DIE KERNZIELGRUPPE VON FRAUEN UND MÄNNERN ZWISCHEN 25 UND 55 JAHREN.

DIE AMERIKANISCHE KAUFHAUSKETTE **MACY'S** WURDE 1858 VON ROWLAND HUSSEY MACY IN NEW YORK GEGRÜNDET. SEIT 2015 IST SIE NACH EINZELHANDELSUMSÄTZEN DIE GRÖSSTE KAUFHAUSKETTE IN DEN USA. DER NEW YORKER FLAGSHIP-STORE IST MIT 116.000 QUADRATMETERN VERKAUFSFLÄCHE SOGAR EINES DER GRÖSSTEN KAUF-HÄUSER DER WELT. RUND 130.000 MITARBEITER BESCHÄFTIGT DAS UNTERNEHMEN IN SEINEN HEADQUARTERS UND DEN RUND 640 FILIALEN IN DEN USA, PUERTO RICO UND GUAM, 38 BLOOMINGDALE'S- STORES UND RUND 170-BLUEMERCURY-LOCATIONS. DAS SORTIMENT UMFASST MODE, ACCESSOIRES, SCHMUCK, KOSMETIK, PARFÜM, KÜCHENUTENSILIEN UND EINRICHTUNGEN. DIE MACY'S-STORES BIETEN ETWAS FÜR DIE GANZE FAMILIE, DOCH DIE HAUPTZIELGRUPPE SIND FRAUEN, DIE DER MITTELKLASSE ANGEHÖREN UND ZWISCHEN 16 UND 34 JAHREN ALT SIND.

POP-UP-SHOP

MACY'S:
RETAIL ALS SERVICE

Macy's hat mit seinem aktuellen Pop-up-Konzept TheMarket@Macy's neue Maßstäbe gesetzt. In ausgewählten Stores werden Flächen bereitgestellt, die als Pop-up vermietet werden. »Retail als Service« heißt die Strategie. Sie bietet dem Unternehmen regelmäßig wechselnde Neuheiten für seine Kunden; daraus resultieren eine Steigerung der Kundenfrequenz und zusätzliche Einnahmen durch Miete und Zusatzleistungen.

Der Service richtet sich an Marken, die neue Konzepte im stationären Einzelhandel testen wollen. Und zwar ohne den hohen Zeit- und Kostenaufwand, der für den Aufbau eines eigenen Stores nötig wäre. Die Flächen beginnen bei rund zehn Quadratmetern und können für ein bis drei Monate gemietet werden. Sie befinden sich in erstklassigen Lagen von Geschäften mit hoher Kundenfrequenz. Die Mieter der Flächen behalten alle Einnahmen. Besonders praktisch für den Mieter: Das Full-Service-Programm von Macy's umfasst die Einrichtung gemäß der jeweiligen Markenvision und die Betreuung der Pop-up-Fläche durch geschultes Verkaufspersonal. Zusätzlich erhalten die Mieter umfangreiche Datenanalysen wie die täglichen Verkaufsdaten, Besucherzahlen und Conversion-Rate.

Zum Auftakt der ersten Weihnachtssaison von TheMarket@Macy's ging das Unternehmen eine Partnerschaft mit Facebook ein. Produkte von 150 E-Commerce-Marken, die auf der Social-Media-Plattform beworben wurden, waren in den Stores erhältlich. Seither ist dieses Pop-up-Konzept ein fester Bestandteil der Einzelhandelsstrategie. Die angebotenen Sortimente reichen von Kleidung, Accessoires und Beauty bis hin zu Wohnkultur, Technologie und vielem mehr.

Macy's bringt dieses Konzept viele Vorteile. Überschüssige Flächen werden genutzt, um den Kunden ein regelmäßig wechselndes Sortiment zu bieten. Und neben den Mieteinnahmen erhält Macy's gleich noch Einblicke in die Kundenvorlieben und das Kaufverhalten hinsichtlich der neuen Produkte.

COMMUNITY-TREFFPUNKT

Viele Menschen leiden in unserer Zeit unter Einsamkeit oder sogar sozialer Isolation. Ein Paradox, angesichts der oft hundertfachen Vernetzung mit »Freunden« auf sozialen Plattformen. Doch die ständige Online-Verbindung fördert aus Sicht von Experten die Abnahme von realen Beziehungen. In Großbritannien gibt es seit dem Jahr 2018 sogar ein Ministerium für Einsamkeit. Insbesondere junge Menschen sehnen sich danach, auch analogen Communitys anzugehören. Hierin liegt für den Einzelhandel eine große Chance. Denn: Stores können Teil einer Community werden. Nicht nur ein Ort, an dem Produkte ausgestellt und verkauft werden. Sie können stattdessen Orte werden, an denen Menschen zusammenkommen und sich austauschen können. Soziologen sprechen hierbei von »Dritten Orten« – also Orten, die zwischen dem Zuhause und der Arbeit zur sozialen Interaktion besucht werden. Das klingt schon fast nach den guten alten Gemeindezentren? Durchaus – so abwegig es auch klingen mag. Doch wie wird etwas zu so einem Community Treffpunkt?

Bei sinkenden Umsätzen im Einzelhandel müssen Stores ihre Warenbestände den Verkäufen anpassen. Das führt häufig zu Leerflächen im Verkaufsraum. Diese nicht genutzten Flächen bieten Händlern die Chance, einen Community-Treffpunk zu installieren. Hier gibt es verschiedene Möglichkeiten.

Schaffen Sie einen Raum, an dem Kunden sich auch gern für längere Zeit aufhalten können. Machen Sie Menschen neben Ihren Produkten auch Angebote für Freizeitaktivitäten. Bieten Sie kulturelle Veranstaltungen an oder schaffen Sie einen Co-Working-Space. Soziale Räume und die Einbindung in Gemeinschaften schaffen mehr Kundenfrequenz, Loyalität und häufig zusätzliche Einnahmequellen.

Um einen Community-Treffpunkt zu schaffen, müssen Sie das Vertrauen der Kunden gewinnen und pflegen. Und wie gewinnen Sie das am besten? Indem Sie Ihren Kunden nicht bei jeder Ihrer Aktivitäten das Gefühl geben, dass Sie ihm eigentlich nur etwas verkaufen wollen.

Kunden müssen einen guten Grund haben, sich in einem Store treffen zu wollen. Sei es die wöchentliche Yogastunde einer Sportbekleidungsmarke oder ein DJ, der jeden Samstag im Lounge-Bereich eines Young-Fashion-Anbieters auflegt. Veranstaltungen ziehen nicht nur das lokale Publikum an, sondern bieten Kunden auch eine Möglichkeit, soziale Kontakte aufzubauen. Genau damit etabliert sich ein Einzelhändler als ein wichtiger Teil der Community.

Eine Strategie kann darin bestehen, Kunden Dienstleistungen des täglichen Bedarfs anzubieten. Sei es ein Restaurant im Store oder vielleicht der stylische Münzwaschsalon eines Denim Anbieters. Wenn es die örtlichen Gegebenheiten zulassen, kann eine Fläche auch für regelmäßige Veranstaltungen vermietet werden und den Community-Treffpunkt dadurch zum Markenerlebnis machen.

Auch die Installation eines Co-Working-Bereichs ist eine gute Möglichkeit, eine Community aufzubauen. Immer mehr Arbeitnehmer fordern flexiblere Arbeitszeitmodelle und immer mehr Unternehmen bieten verschiedene Lösungen hierfür an. Eines davon ist das immer populärer werdende Home-Office. Eine der größten Herausforderung des Arbeitens von zu Hause aus ist die fehlende Gemeinschaft von Kollegen und Teams. Hierin liegt eine Erklärung für den enormen Zuwachs an Co-Working-Spaces, der seit einigen Jahren zu beobachten ist. Doch wie schafft man mit vergleichsweise wenig Aufwand einen Treffpunkt für junge (und natürlich auch junggebliebene) Arbeitnehmer und Freiberufler? Dazu gehören: gute Sitzmöglichkeiten, die auch für Gruppen geeignet sind; ein High-Speed-Internet-Anschluss; und Veranstaltungen, die zur Marke und Zielgruppe passen.

Schaffen Sie regelmäßige oder dauerhafte Gründe dafür, Ihren Store als Community-Treffpunkt aufzusuchen. Als einen Ort, der Ihren Kunden einen echten Mehrwert bietet. Mit Community-Veranstaltungen, die zu einem eindrucksvollen Markenerlebnis beitragen, die Vertrauen aufbauen und nicht nur darauf abzielen, Ihre Ware zu verkaufen.

CALL TO ACTION

- Definieren Sie einen Bereich, in dem sich die Community in Ihrem Store regelmäßig treffen kann.

- Überlegen Sie sich, welchen Nutzen und welchen Mehrwert Sie Ihrer Community bieten wollen, der auch dauerhaft einen Anreiz für Besuche schafft.

- Analysieren Sie, welche Veranstaltungen, Serviceangebote oder auch Partner sich für die Bildung eines Community-Treffpunkts eignen.

- Bauen Sie mit Ihren Community-Veranstaltungen Vertrauen bei Ihren Kunden auf. Und achten Sie darauf, dass Ihre Produkte ein Teil der Veranstaltungen sind, aber nicht der einzige Teil.

LULULEMON:
IM OM-CLUB

»Sweat. Grow. Connect.« – so lautet die Lululemon-Philosophie. Das heißt gemeinsam schwitzen und Fitnessziele erreichen, sich persönlich durch Meditation weiterentwickeln und eine Gemeinschaft für Gleichgesinnte zu sein. Darauf basierend entstand die Vision, einen Ort zu schaffen, an dem Menschen gemeinsam diese Philosophie mit Leben erfüllen.

Als Strategie hat Lululemon angefangen, Fitnesskurse in den Stores anzubieten. Jede Woche schieben die Mitarbeiter in den Läden die Möbel und die Produkte beiseite, rollen die Yogamatten aus und verwandeln die Geschäfte in Yogastudios. Die Kurse sind kostenlos und werden von Lehrern aus lokalen Studios der Community geleitet. Inzwischen geschieht das in Stores auf der ganzen Welt. Kunden lassen sich hier inspirieren und die Stores werden bei Gleichgesinnten zu einem Treffpunkt mit großem Wohlfühlcharakter.

So wurde Lululemon viel mehr als ein Ort zum Kauf von Produkten. Mit erfreulichen Nebeneffekten. Zum einen werden die Geschäfte häufiger besucht und die Verweildauer verlängert, was auch direkten Einfluss auf den Verkauf nimmt. Zum anderen ermöglicht es den Mitarbeitern, engere Beziehungen zu ihren Kunden aufzubauen und ihre Wünsche, Ziele und Leidenschaften zu verstehen.

Inzwischen plant der Einzelhändler größere Geschäfte, um Räume für Erlebnisveranstaltungen zu schaffen. In Chicago wurde ein Store eröffnet, der über zwei Übungsräume, einen Meditationsbereich und ein Café verfügt. In dem 1.860 Quadratmeter großen Store können die Kunden wie in einem traditionellen Yoga-Studio trainieren. Täglich werden sechs bis zehn Kurse angeboten. Und wer sein Trainings-Outfit vergessen hat, kann sich problemlos eines von Lululemon ausleihen und ab geht's auf die Matte.

Außerdem wurde ein Treueprogramm ins Leben gerufen, um die Marke für die Fan-Community noch erlebbarer zu machen und sie noch enger an Lululemon zu binden. Für eine Jahresgebühr von 128 Dollar erhält man ein Paar Hosen oder Shorts im gleichen Wert und kann an besonderen Yoga-Unterrichtsstunden teilnehmen.

Jährlich übernimmt Lululemon die Planung und Umsetzung von über 4.000 Events. Zu den größeren zählen beispielsweise der SeaWheeze-Halbmarathon in Vancouver oder die Zehn-Kilometer-Läufe in Edmonton und Toronto in Kanada. Zu den kleineren Aktivitäten gehören kostenlose Meditations- oder Yoga-Kurse in den Stores, Laufclubs und andere lokale Veranstaltungen.

Auf diese Weise ist Lululemon auf dem internationalen Markt zu einer authentischen Marke geworden. Lululemon zeigt der Welt: Wir sind nicht nur ein Produkt, wir sind ein Teil der Gemeinschaft.

DIE 1998 GEGRÜNDETE **LULULEMON ATHLETICA INC.** IST EIN KANADISCHER EINZELHÄNDLER FÜR SPORTBEKLEIDUNG. DAS UNTERNEHMEN HAT SEINEN HAUPTSITZ IN VANCOUVER UND VERFÜGT ÜBER MEHR ALS 400 STORES IN NORDAMERIKA, ASIEN, EUROPA UND OZEANIEN. MEHR ALS 13.000 MITARBEITER SIND FÜR DAS YOGA-INSPIRIERTE UNTERNEHMEN TÄTIG. IN DEN STORES WERDEN PERFORMANCE-SHIRTS, -SHORTS, -HOSEN SOWIE LIFESTYLE-BEKLEIDUNG UND YOGA-ACCESSOIRES FÜR FRAUEN UND MÄNNER ANGEBOTEN.

BARCLAYS:
LOKALER INNOVATIONSTREIBER

Früher spielten Bankhäuser noch eine zentrale Rolle in Städten und Gemeinden. Sie waren in deren sozialem Gefüge im öffentlichen Raum so unverzichtbar wie die Kirche oder der Marktplatz. Die digitale Entwicklung hat auch die sozialen Räume unserer Gesellschaft verändert, Orte, an denen nicht nur Geschäfte abgewickelt werden. Wo Bankfilialen schließen, verschwinden auch Orte der lokalen Gemeinschaft.

Vor dem Hintergrund dieser Entwicklung hat Barclays ein Konzept entwickelt, das lokale Niederlassungen auf eine neue Weise wieder relevanter machen sollte. An diesen Orten sollten Start-up-Unternehmen und Einzelpersonen Unterstützung für innovative Vorhaben finden.

Barclays Eagle Labs begann 2016 als Experiment mit dem übergeordneten Ziel, lokale Unternehmen an der digitalen Revolution teilzuhaben zu lassen und sie voranzutreiben. Dafür wurden Anwohner, Kunden, Wissenschaftler und Unternehmen der Schlüsselindustrien zusammengebracht. Gemeinsam sollte Start-ups und Unternehmern vor Ort dabei geholfen werden, ihre Visionen zu verwirklichen. Dazu braucht es natürlich Community-Räume, Ressourcen und Fachwissen. Eagle Lab stellte all dies bereit.

Auf den großen Erfolg der ersten Konzeptumsetzung folgte die Ausweitung auf weitere Barclays-Standorte. Ein spezielles Fachgebiet wird jeweils auf die Bedürfnisse lokaler Unternehmen und die regionale Wirtschaftsstärke der entsprechenden Branchen zugeschnitten. Es bietet Zugang zu den notwendigen Ressourcen wie beispielsweise fachkundigem Mentoring, 3D-Druckern oder Laserschneidern. So können Prototypen neuer Produkte schnell und kostengünstig vor Ort gefertigt werden.

Außerdem bietet jedes Eagle Lab einen Veranstaltungsraum für Workshops oder Bootcamps an, um lokale Unternehmen zu unterstützen. Zur Inspiration der jungen Generation werden auch Schulklassen eingeladen. Es ist damit nicht nur ein Ort für Unternehmen – es ist ein Ort, der neue Technologien allen zugänglich macht. Denn: Wirklich jeder kann diese Einrichtungen nutzen.

Die Einführung der Eagle Labs ist nicht nur für Unternehmen an lokalen Standorten eine enorme Unterstützung. Sie stellen auch eine wirkungsvolle Initiative für den Erfolg einer gesamten Region dar. Barclays schafft auf diese Weise ein Gemeinschaftsgefühl und vertieft gleichzeitig seine Beziehungen zu lokalen Unternehmern. Daraus geht Barclays als vertrauenswürdige Marke gestärkt hervor.

LAUNDRY
DEXTER
STACK WASHER / DRYER EXPRESS
DEXTER
STACK WASHER / DRYER EXPRESS
DEXTER
STACK WASHER / DRYER EXPRESS
DEXTER
STACK DRYER EXPRESS
DRYER 3x
DRYER 3x
DRYER 3x
WASHER EXPRESS 3x
WASHER EXPRESS 3x
WASHER EXPRESS 3x

AMERICAN EAGLE OUTFITTERS:
WASH & MEET

Der American Eagle Outfitters Store am Union Square, mitten in New York City, befindet sich in direkter Nachbarschaft zum Studentenwohnheim der New York University. Mit anderen Worten: Näher an seiner Zielgruppe könnte dieser Store kaum sein. Was also könnte sinnvoller sein, als genau an diesem Ort einen Community-Treffpunkt für die in der Nachbarschaft lebenden Studenten zu schaffen? Das Ergebnis ist das AE Studio. Es bietet ein komplettes Markenerlebnis und ist perfekt auf seine jungen Kunden zugeschnitten.

Die Neuheit ist eine in den Store integrierte Wand aus Waschmaschinen und Trocknern, die von den Studenten kostenlos genutzt werden können. Waschsalons haben sich in den letzten Jahren zu einem festen Bestandteil der Großstädte entwickelt. Der Grund: Häufig haben insbesondere die kleinen, unfassbar teuren Wohnungen in Manhattan nur begrenzten oder gar keinen Platz für Waschmaschinen. Viele New Yorker Mietwohnungen verbieten sogar das Anschließen einer Waschmaschine, da die Rohrleitungen für deren Nutzung nicht überall ausgelegt sind. Damit hat American Eagle Outfitters in diesem Store sein Angebot punktgenau auf den Bedarf seiner Kunden mit schmalem Budget ausgerichtet.

Für eine riesige Zielgruppe in Fußnähe ist also bestens gesorgt. Doch damit nicht genug: Im »Maker's Shop« können Jeans individuell angepasst werden. Der Kreativität der Kunden sind kaum Grenzen gesetzt: Mit einer Vielzahl von Aufnähern und den verschiedensten Lederetiketten kann jeder sein eigenes Jeansunikat gestalten.

Im Obergeschoss befindet sich die Lounge mit Blick auf den Park. Die Lounge dient als Co-Working-Space oder Treffpunkt zum Chillen. Zwischenzeitlich sind dann auch die Jeans gewaschen und getrocknet. Der Gemeinschaftsbereich bietet große Tische, einen Barbereich, viele Sitzgelegenheiten, Steckdosen und kostenfreies WLAN.

Waschsalons, Aufenthalts- und Arbeitsbereiche sowie eine Station zur individuellen Gestaltung der Produkte – all dies ist mehr als ein nützlicher Service. American Eagle Outfitters ist mit diesen Angeboten zu einem festen Treffpunkt für die Studenten um die Ecke geworden.

AMERICAN EAGLE OUTFITTERS, INC. IST EIN AMERIKANISCHES FILIALUNTERNEHMEN FÜR LIFESTYLE-BEKLEIDUNG UND -ACCESSOIRES MIT HAUPTSITZ IN PITTSBURGH IN PENNSYLVANIA. DAS 1977 GEGRÜNDETE UNTERNEHMEN BESCHÄFTIGT RUND 40.000 MITARBEITER UND VERFÜGT ÜBER MEHR ALS 1.200 WELTWEIT. IN DEN DURCHSCHNITTLICH 500 QUADRATMETER GROSSEN STORES WERDEN MODISCHE BEKLEIDUNG, ACCESSOIRES UND PFLEGEPRODUKTE FÜR EINE AUF WEIBLICHE UND MÄNNLICHE STUDENTEN AUSGERICHTETE ZIELGRUPPE ANGEBOTEN. DAS DURCHSCHNITTLICHE ALTER DER KUNDINNEN UND KUNDEN LIEGT ZWISCHEN 15 UND 25 JAHREN.

DIE **CAPITAL ONE FINANCIAL CORPORATION** IST EINE BANKHOLDINGGESELLSCHAFT,
DIE SICH AUF KREDITKARTEN-BUSINESS BEI PRIVAT UND GESCHÄFTSKUNDEN SPEZIALI-
SIERT HAT. SEIT DER GRÜNDUNG IM US-BUNDESSTAAT VIRGINIA IM JAHR 1994 WURDEN
MEHR ALS 900 FILIALEN IN DEN USA, IN KANADA UND GROSSBRITANNIEN ERÖFFNET.
DARUNTER BEFINDEN SICH DERZEIT RUND 30 BANKEN-CAFÉS. ALS ACHTGRÖSSTE
BANK DER USA BESCHÄFTIGT CAPITAL ONE KNAPP 50.000 MITARBEITER.

CAPITAL ONE:
COMMUNITY-BANKING

Es sieht nicht gut aus für den traditionellen, lokalen Bankbetrieb mit Filialen. Viele Niederlassungen schließen ersatzlos, sodass die Zahl der Bankfilialen seit einigen Jahren rückläufig ist. Die Gründe sind vielfältig – eine wesentliche Rolle spielt das bequeme Online-Banking. Doch nicht jeder möchte und kann seine Bankgeschäfte, wie etwa Überweisungen, digital erledigen. Dieser Teil der lokalen Kundschaft bleibt im wahrsten Sinne des Wortes draußen vor der Tür.

Klar, Bankmitarbeiter werden tatsächlich nicht mehr so sehr in Anspruch genommen oder gebraucht wie in der Vergangenheit. Aber bei vielen Finanzfragen sind nach wie vor ein Fachmann und ein persönliches Gespräch unter vier Augen gefragt. Denn wenn es um sensible Themen geht, vertraut nicht jeder der Online-Welt. Capital One hat sich deshalb entschieden, dem Trend eine eigene Strategie entgegenzusetzen. Heute macht das Geldinstitut vor, wie progressive Filialen der Zukunft aussehen können.

In den USA hat Capital One das Geldgeschäft mit Cafés eingeführt. Diese bieten neben Heißgetränken und Essen auch kostenloses WLAN und viele Sitzgelegenheiten an, um in Ruhe etwas zu trinken oder am Laptop zu arbeiten. Außerdem gibt es gebührenfreie Geldautomaten und spezielle Bereich, in denen man sich von Experten, den Financial Coaches, in allen Finanzfragen beraten lassen kann. Die Coffee-Shop-Bereiche werden von Peet's Coffee bereitgestellt. Wer hier als Capital-One-Kunde seinen Kaffee bestellt, bekommt ihn zum halben Preis.

Und wie macht sich so die Coffee-Bank im Tagesgeschäft? Nun, Menschen nutzen den Ort zunächst als ganz normale Cafés. Die offene Raumgestaltung, mit freiliegenden Decken und verschiedenen Holzstrukturen, macht die Cafés zu einem gern genutzten Community-Treffpunkt zum Arbeiten oder Entspannen. Denn hier gibt es Gemeinschaftstische, Stühle, Sofas, private Ecken, Arbeitsplätze, Konferenzräume, interaktive Bildschirme und überall Steckdosen.

Neben kostenlosen Money Coachings gibt es Veranstaltungen zur Finanzplanung, Filmabende oder kostenlose Yoga-Kurse. Hier kann man in ruhiger Atmosphäre einfach seinen Kaffee genießen und sich – sofern gewünscht – nach Finanzprodukten und -konzepten erkundigen. Ganz wichtig für diese Strategie: Es gibt keine aufdringlichen Berater, die einen in ein Gespräch über Bankprodukte drängen. Die Financial Coaches diskutieren nur dann über Finanzen, Online-Banking oder Capital One, wenn die Unterhaltung vom Kunden initiiert wird. Diese zurückhaltende Form der Interaktion schafft Vertrauen. Sie stärkt die Beziehung zu einem treuen Kundenstamm und erweitert selbigen.

Mit den Captial-One-Cafés wird das Bankgeschäft wieder für jeden zugänglich. Gleichzeitig kann man hier die Marke ganz ungezwungen auf natürliche Art erleben. Das Konzept ist durchweg auf die Bedürfnisse der Zielgruppe ausgerichtet. Es schafft Kundenbeziehungen mit einer emotionalen Bindung. All dies ist mehr als gelungen: Mit seinem Community-Banking hat Capital One das Filialgeschäft geradezu revolutioniert.

RETAIL-TECHNOLOGIEN

In der Retail-Branche wird viel von neuen In-Store-Technologien gesprochen. Etwas kryptisch klingen dabei Abkürzungen wie VR, AR, AI oder RFID. Gehört hat sie sicher jeder schon mal. Doch was genau verbirgt sich hinter all dem? Und welchen wirklichen Nutzen bringen diese Technologien dem Einzelhandel? Eines vorab: An der Einführung dieser Technologien führt kein Weg vorbei. Soviel steht fest. Denn die Möglichkeiten, die sich mit ihnen bieten, sind geradezu überwältigend. Trotzdem scheint es, als würde der Großteil der Retailer noch abwarten, anstatt die Vorteile von In-Store-Technologien jetzt zu nutzen, um seinen Mitbewerbern einen oder besser noch gleich mehrere Schritte voraus zu sein.

Mit Technologien wie der Augmented Reality (AR) können Sie die »Realität Ihres Stores« erweitern. Das heißt: über die physisch vorhandenen Elemente hinausgehen. In der Virtual Reality (VR) hingegen wird eine neue Realität kreiert. So lassen sich weitere Erlebnisse schaffen oder Schwachstellen in der Kundenerfahrung beheben.

Das sind natürlich sehr offensichtliche Kundenerlebnisse. Doch In-Store-Technologien haben auch sehr viel zu bieten, was nicht offensichtlich ist. Und das ist auch gut so. Je weniger die Technologien hinter den geschaffenen Erfahrungen für den Kunden spürbar sind, desto besser. Die Artificial Intelligence (AI) kann so unendlich viele Informationen zusammenführen, mit Algorithmen auswerten und maschinell dazulernen, dass die Einsatzmöglichkeiten beinahe unbegrenzt sind. Vom Kundenservice mit dem gesamten Firmenwissen im Background über Kollektionsvorhersagen bis hin zur Analyse der Stimmung eines Kunden nur auf Basis seines Gesichtsausdrucks: Fast alles ist möglich.

Nicht weniger faszinierend ist die RFID-Technologie, die mit Radiofrequenz-Identifikation in erster Linie im Hintergrund operiert. Sie hält Warenbestände in Echtzeit auf Stand, vollzieht die Laufwege der Kunden im Verkaufsraum nach und stellt Daten zum Kundenverhalten bereit.

Also, was darf's denn sein? Kundenerlebnis, Prozessoptimierung, Zeitersparnis …? Die Frage ist letztendlich: Welche sind die richtigen Technologien für Ihr Unternehmen und seine Ziele? Dem gehen wir im Folgenden auf den Grund.

» EINES SCHON MAL VORAB: AN DER EINFÜHRUNG DIESER TECHNOLOGIEN FÜHRT KEIN WEG VORBEI. SOVIEL STEHT FEST.«

AUGMENTED REALITY | ERWEITERTE REALITÄT

Fast jeder hat 2016 den Hype um das Handyspiel »Pokémon Go« mitbekommen. Überall sind Menschen auf ihr Smartphone starrend durch die Straßen gelaufen, um die bunten Pokémons zu finden und zu fangen. Auf dem Handy-Display scheint es, als befänden sich die virtuellen Kreaturen direkt am jeweiligen Standort des Spielers: etwa an der Bushaltestelle, in der Einkaufsstraße oder hinter dem Baum im Park. Die App hat mit über einer Milliarde Downloads das Thema Augmented Reality (AR) und ihre Anwendungen einer breiten Masse bekannt gemacht.

Augmented Reality bezeichnet die Erweiterung der eigentlichen Realität um zusätzliche Inhalte mit Videos oder Ähnlichem. Kern der AR-Technologie ist die Integration digitaler Informationen in die reale Umgebung des Anwenders. Zur Nutzung braucht man lediglich ein Smartphone oder ein Tablet und entsprechende Apps. Dabei werden Bilder oder Muster über die Kamera der mobilen Geräte erkannt. Sie aktivieren die Software mit dem Befehl, zum Beispiel ein Video abzuspielen oder Informationen einzublenden. So verbindet sich die reale Umgebung mit der Augmented Reality.

Das Phänomen »Pokémon Go« hat die Spieler dazu gebracht, ihre Wohnungen zu verlassen und in den Straßen nach virtuellen Pokémon zu suchen. Was könnte das für Einzelhändler heißen? Nun, sie können diese Form eines Kundenerlebnisses ebenfalls in ihre Stores bringen. Neben interaktiven Unterhaltungsmöglichkeiten bietet AR auch eine Vielzahl an Optionen, um Hindernisse oder Herausforderungen beim Store-Besuch auszuschalten und bestenfalls in eine positive Erfahrung umzuwandeln.

Je mehr Produkte man zur Auswahl hat, umso schwieriger ist es, eine Entscheidung zu treffen. Diese Erfahrung kennen wir alle. Wenn man sich dann noch durch alle Optionen probieren will, kann Shopping schnell Stress bedeuten. Nicht aber, wenn man Augmented Reality zum Einsatz bringt. So ermöglichen »Magic Mirrors« dem Kunden, sich durch die Kollektion zu klicken und die Ware virtuell am eigenen Körper zu sehen. Oder Lippenstift und Lidschatten einfach per Klick im eigenen Gesicht virtuell auszuprobieren. Auf diese Weise lassen sich Produkte ganz ohne Frust und Stress testen. Das Ganze spart nicht nur Zeit, es macht auch noch Spaß.

Ein großer Vorteil des Online-Handels ist, dass man mit Leichtigkeit jedes Produkt finden kann. Im Vergleich dazu schneidet der physische Store schlecht ab. Doch gleichzeitig gibt es Hilfe aus der virtuellen Welt: zum Beispiel die Navigationstechnologien. Apps mit AR- und Motion-Tracking-Technologie liefern eine effiziente Wegbeschreibung und führen in Echtzeit zu den gewünschten Produkten. Ähnlich einem kleinen GPS. Auch diese Technologie ist ein Zeitfreund und echter Frustkiller.

Augmented Reality lässt sich also kreativ und innovativ in die Marketingstrategie integrieren. Jedes Erlebnis ist anpassbar und kann immer exakt auf jede Kampagne zugeschnitten werden. Saisonale Anpassungen werden einfach per Knopfdruck umgesetzt. So kann man mit entsprechender Vorbereitung von einem Moment auf den nächsten – beispielsweise von der Sommerkampagne zur Herbstkampagne – wechseln.

Um in der digital getriebenen Welt zu überleben, muss man kreativ sein. Augmented Reality kann Ihnen helfen, mit der Konkurrenz Schritt zu halten oder ihr sogar voraus zu sein. Der Einsatz von AR ist auch mit einem kleinen Marketing-Budget möglich, da die Basisanwendungen bezahlbar sind. Es kommt auch nicht auf die Vielzahl der Anwendungen an, sondern darauf, dass mit Kreativität aus einem Schwachpunkt des Kundenerlebnisses eine positive Markenerfahrung wird. Wichtig ist allerdings, dass solche Anwendungen professionell entwickelt werden. Denn wer die Benutzung von Technologien anbietet, muss gewährleisten, dass sie zu einer positiven Erfahrung für den Kunden führen.

CALL TO ACTION

- Definieren Sie, welcher Aspekt der Kundenreise durch Augmented Reality verbessert werden kann.

- Überlegen Sie, wie das Konzept des AR-Erlebnisses für diesen Aspekt der Kundenreise aussehen kann.

- Implementieren Sie die Technologie nicht nur, um auch eine zu haben, sondern um den Kunden einen echten Mehrwert zu bieten.

CHARLOTTE TILBURY IST EINE BRITISCHE VISAGISTIN UND GRÜNDERIN, PRÄSIDENTIN UND KREATIVCHEFIN DER SCHÖNHEITS- UND HAUTPFLEGEMARKE CHARLOTTE TILBURY BEAUTY. DAS LONDONER UNTERNEHMEN VERFÜGT ÜBER ACHT STORES IN LOS ANGELES, LONDON, KATAR, DUBAI, ABU DHABI, KUWAIT UND HONGKONG. AUSSERDEM WERDEN DIE PRODUKTE IN MULTI-BRAND-STORES UND ÜBER E-COMMERCE IN GROSSBRITANNIEN, NORDAMERIKA, EUROPA, ASIEN UND IM MITTLEREN OSTEN VERKAUFT. AKTUELL ARBEITEN KNAPP 1.000 MITARBEITER FÜR DIE **CHARLOTTE TILBURY BEAUTY LTD.**

CHARLOTTE TILBURY:
SIMULIERTES STYLING

Als Make-up-Artist war Charlotte Tilbury für viele große Marken, Prominente und Models tätig. Die Ergebnisse ihrer Arbeit schmücken die Titelseiten von Topmagazinen wie »Vogue« und »Vanity Fair«. Bereits kurz nach der Einführung ihrer Schönheits- und Hautpflegemarke wurde diese zu einem Riesenerfolg. Von Anfang an hatten Tilburys Produkte eine starke digitale Präsenz in Beauty-Tutorials. Diese Verbundenheit zu neuen Technologien findet sich auch in den Stores wieder. Hier stehen den Kundinnen »Magic Mirrors« mit einer sehr ausgefeilten AR-Technologie zur Verfügung.

In den Stores können Kundinnen ein 45-minütiges Makeover buchen. Dazu müssen sie sich für einen von zehn typischen Tilbury-Looks entscheiden. Oft ist das gar nicht so einfach. Um den Entscheidungsprozess zu erleichtern, entwickelte man spezielle »Magic Mirrors«. Die Kundin setzt sich einfach vor den Spiegel und wählt einen der Looks aus. Dieser wird realistisch und detailgenau simuliert und auf das individuelle Gesicht abgestimmt. In Echtzeit werden Lippen, Augen und Make-up der Kundin durch Augmented Reality transformiert. Alle zehn Looks können auch zeitgleich nebeneinander dargestellt werden. Und das in weniger als einer Minute. Im Vergleich lässt sich dann leichter entscheiden, welcher Look am besten gefällt.

Die Kundinnen können sich vor dem magischen Spiegel drehen, mit den Augen zwinkern und sich alle Details aus der Nähe anschauen. Der gewählte Look macht authentisch jede Bewegung mit. Zur virtuellen Anpassung per Knopfdruck steht die gesamte Produktpalette zur Verfügung. Alle Looks können zum Vergleich gespeichert oder direkt in den sozialen Netzwerken geteilt werden. Wer dem subjektiven Geschmack nicht vertrauen möchte, bekommt auch Hilfe: Die Spiegel verfügen über eine Artificial-Intelligence-Anwendung, die auf einem Algorithmus basierend jeder Kundin einen Look empfiehlt.

Zur Entwicklung dieser Augmented-Reality-Technologie wurde eng mit den Make-up-Artists zusammengearbeitet. So konnte man am besten verstehen, wie die Produkte angewendet werden sollen und im Spiegel realistisch dargestellt werden können. Keine leichte Sache. Es hat einige Monate gedauert, bis die digitale Abstimmung von Farben, Formen, Hauttönen und die Gesichtserkennung wirklichkeitsgetreu ausfielen.

Die Magic Mirrors von Charlotte Tilbury bringen viele Vorteile mit sich. Sie helfen bei der Entscheidungsfindung, ersetzen den Tester zur Verkaufsunterstützung und sind eine weitaus hygienischere Alternative zum klassischen Verfahren. Neben dem kommerziellen Erfolg hat der Spiegel auch zum emotionalen Erfolg beigetragen: Spielerisch schafft er eine Verbindung zwischen Kundin und Marke.

MIT AR LASSEN SICH PRODUKTE OHNE FRUST UND STRESS TESTEN.«

ZARA:
SHOP THE LOOK

AUGMENTED REALITY
— ERWEITERTE REALITÄT

Wer 2018 an einigen Zara-Fenstern vorbeigelaufen ist, hat sich wahrscheinlich gewundert, ein Fenster ohne Ware vorzufinden. Es gab lediglich die fett gedruckte Aufforderung »Shop the Look in Augmented Reality« mit einer kurzen Anleitung, wie es funktioniert. Und das geht so: Nachdem man die Zara-App auf sein Smartphone geladen hat, wird die Kamera auf das Schaufenster gerichtet; und schon beginnt auf dem Handy-Display eine virtuelle Fashion-Show zu laufen – mit dem Schaufenster als realen Rahmen.

In weltweit über 100 Stores wurden den Kunden für einen begrenzten Zeitraum verschiedene Augmented-Reality-Erlebnisse geboten. Mit der App des Smartphones konnten neben dem oben genannten Schaufenster auch Podeste im Store oder die Versandboxen des Online-Kaufs animiert werden. Bei den In-Store-Erlebnissen wurden Hologramme von Models gezeigt, die exakt die Outfits trugen, die im Store präsentiert wurden. In sieben bis zwölf Sekunden langen Sequenzen posierten die Models und sprachen sogar mit den Kunden. Man konnte nun direkt auf »Shop the Look« klicken und die Artikel online bestellen oder natürlich einfach im Store zugreifen. Kunden wurden ermutigt, Fotos von den Hologrammen zu machen und sie über die App in den sozialen Netzwerken zu teilen.

Think Big: Um dieses Augmented-Reality-Erlebnis zu realisieren, wurde eine 170 Quadratmeter große Bühne mit insgesamt 68 Kameras ausgestattet. Auf der Bühne wurden die Modelsequenzen erstellt, um im Store jederzeit virtuell zum Leben erweckt zu werden. Dafür wurden die Stores mit WLAN ausgestattet.

Zara hat eindrucksvoll gezeigt, wie man AR-Technologie auf eine ungewöhnliche Weise im stationären Handel nutzen kann. Kunden werden interaktiv einbezogen und können den Glamour einer Modenschau fast live miterleben.

ZARA SA IST EIN SPANISCHER FAST-FASHION-RETAILER, DER ZU EINEM DER WELTWEIT GRÖSSTEN BEKLEIDUNGSEINZELHÄNDLER, DER INDITEX-GRUPPE, GEHÖRT. DAS 1975 GEGRÜNDETE UNTERNEHMEN VERFÜGT ÜBER 2.250 STORES IN KNAPP 100 MÄRKTEN. ES IST BEKANNT FÜR SEINE ÄUSSERST REAKTIONSSCHNELLE LIEFERKETTE. NACHDEM DIE PRODUKTE ENTWORFEN WURDEN, BRAUCHEN SIE NUR ZEHN BIS FÜNFZEHN TAGE, UM IN DIE STORES ZU GELANGEN. MIT SEINEM SORTIMENT AUS DAMEN-, HERREN- UND KINDERBEKLEIDUNG RICHTET SICH DAS UNTERNEHMEN AN FRAUEN UND MÄNNER, DIE SEHR INTERESSIERT AN DEN NEUESTEN MODETRENDS SIND.

VIRTUAL REALITY | VIRTUELLE REALITÄT

Einmal wie Apollo-11-Astronaut Neil Armstrong in einer Rakete zum Mond fliegen, Schwerelosigkeit erleben und auf der Oberfläche des Erdtrabanten herumhüpfen. Zumindest für viele kleine Kinder ist das ein Traum. Erwachsene träumen vielleicht eine Nummer kleiner. Zum Beispiel vom Paragliding in 4.000 Metern Höhe über Gletschern und schneebedeckten Bergen … Wie auch immer Ihre persönliche Bucketlist aussieht, manches davon werden Sie vermutlich nicht realisieren können. Doch Virtual Reality lässt fast alles wahr werden. Mit VR können wir überall hingehen, überall dabei sein. Zumindest virtuell.

Die virtuelle Realität ist eine künstlich geschaffene Realität, in der sich der Nutzer bewegen kann. Im Gegensatz zur Augmented Reality wird hier die reale Umgebung nicht miteinbezogen. Stattdessen kann VR die reale Welt, sowie jede andere Umgebung, virtuell erschaffen. Dabei wird die gleiche Technik wie bei Videospielen genutzt. Objekte können als 3D-Modelle überall eingesetzt und, bei entsprechender Programmierung, vom Benutzer interaktiv genutzt werden. Die Verwendung von realen Filmdaten, die mit 360-Grad-Kameras aufgenommen wurden, ist ebenfalls möglich. Allerdings ist die Interaktion des Benutzers dabei sehr eingeschränkt. VR ist, im Gegensatz zu AR, nicht ohne weiteres über ein Smartphone zu realisieren. Das liegt daran, dass man neben einer VR-Brille auch Eingabegeräte zur Verwendung benötigt, wenn man den künstlichen Raum interaktiv nutzen möchte.

VR bietet viele Möglichkeiten für den stationären Handel. Diese Technik kann ein zusätzliches In-Store-Erlebnis für die Kunden schaffen. Mit VR sitzen die Kunden eines Fashion-Anbieters zum Beispiel in der ersten Reihe einer Schau der New Yorker Fashion Week. Selbstredend präsentieren die Models dabei Produkte, die das Unternehmen anbietet. VR ist nichts weniger als eine Revolution des Erlebnismarketings. Die Verbindung zwischen Kunden und einer Marke wird hergestellt, indem eine unterhaltsame, vielleicht sogar einzigartige Erfahrung geboten wird.

Produkt-Tutorials, also Anleitungsvideos zur Nutzung der angebotenen Produkte, lassen sich ebenfalls mit Virtual Reality auf spannende Weise umsetzen. So können Kunden besser informiert oder Mitarbeiter dank virtueller Erfahrungen effektiver geschult werden.

Einige Produkte lassen sich nicht ohne Weiteres im Store testen oder zumindest nicht in der realen Umgebung. VR ist auch unter diesem Gesichtspunkt vielseitig einsetzbar. Die Technik kann zum Beispiel eine Ansicht davon bieten, wie Möbel im gesamten Raum aussehen; oder eine Testfahrt in einem selbst konfigurierten Automodell simulieren. Für Kunden ist es leichter, sich ein Produkt als Teil ihres Lebens vorzustellen, wenn sie es in einer scheinbar realen Umgebung sehen. So kann das gewünschte Produkt virtuell getestet werden, um die Entscheidungsfindung zu erleichtern. Spannende Erlebnisse eng an die zu verkaufenden Produkte zu knüpfen ermöglicht eine wirkungsvolle Ansprache der Kunden auf emotionaler Ebene.

Retouren sind ein fester Bestandteil des Einzelhandels. Im stationären Handel liegen diese derzeit bei rund zehn Prozent. Im Online-Handel sind sie etwa zwei- bis dreimal so hoch. An dieser Stelle kommt VR ins Spiel: Die Retourenquote hat sich nachweislich reduziert, wenn Produkte für den Kunden in einer Virtual-Reality-Erfahrung getestet werden konnten.

Einen weiteren Vorteil bietet VR damit, dass die Verkaufsfläche virtuell vergrößert und der reale Warenbestand reduziert werden kann. Nehmen wir die Möbelbranche als Beispiel. Eine große Auswahl bedeutet, dass auch eine große Ausstellungsfläche benötigt wird. Mit VR kann diese um eine unbegrenzte Quadratmeterzahl angepasst werden. Und das ohne die hohen Kosten der Raummiete. Gleichzeitig müssen nicht alle Produkte vor Ort zur Verfügung stehen. Potenzielle Kunden können für eine gesamte Möbellinie begeistert werden, ohne dass die realen Produkte als Muster präsentiert werden müssen. Das bedeutet ein großes Einsparungspotenzial bei Fertigungs- und Ausstellungsmustern sowie Logistik-, Lager- und Raumkosten.

VR-Anwendungen können auch Auskunft über das Kundenverhalten liefern, indem es die Verfolgung der physischen Reaktionen ermöglicht: zum Beispiel wie der Kunde mit den Produkten in der virtuellen Umgebung interagiert. Dieser Wissensvorsprung bietet eine große Chance für Einzelhändler. Und genau wie bei AR-Systemen kann die Umstellung einer Kollektion oder ein Saisonwechsel per Knopfdruck erfolgen. Alles kann im Vorfeld angepasst und von heute auf morgen ohne großen Aufwand in den Stores umgestellt werden.

Eine VR-Erfahrung ist für die Kundenbindung also geradezu perfekt. Die unterhaltsame Interaktion mit der Marke macht diese zum Erlebnis. Jedoch muss der Einsatz gut durchdacht und zielgruppenspezifisch sein. Es muss auf die Bedürfnisse und Wünsche der Kunden eingegangen werden. Denn die Zielgruppe steht weiterhin im Mittelpunkt und nicht die Technologie.

CALL TO ACTION

- Definieren Sie den möglichen Zusatznutzen von Virtual Reality am Point of Sale aus Sicht der Kunden.

- Stellen Sie sicher, dass der Nutzen für die Kunden einfach zu verstehen und die Technologie intuitiv zu benutzen ist.

- Denken Sie daran, dass die Nutzung der Virtual Reality Spaß machen soll.

THE NORTH FACE WURDE 1966 ALS EINZELHANDELSGESCHÄFT FÜR KLETTERAUSRÜSTUN-GEN IN SAN FRANCISCO, USA, GEGRÜNDET. SEIT 2000 GEHÖRT DAS UNTERNEHMEN ZUR VF COOPERATION UND HAT SEIN HEADQUARTER IM KALIFORNISCHEN ALAMEDA. DIE OUT-DOOR-MARKE FÜR HIGH-PERFORMANCE-BEKLEIDUNG, -SCHUHE, -AUSRÜSTUNG UND ACCESSOIRES BESCHÄFTIGT RUND 1.000 MITARBEITER. AN WELTWEIT 3.500 STANDORTEN WIRD DIE WARE VERKAUFT. DIE ZIELGRUPPE SIND FRAUEN UND MÄNNER ZWISCHEN 18 UND 34 JAHREN, WOBEI DER FOKUS AUF DEN MÄNNERN LIEGT.

THE NORTH FACE:
WÜSTENEXPEDITION IN DER GROSSSTADT

Die Mission von The North Face ist, das Interesse der Menschen an der Natur zu wecken und sie mit auf eine der zahlreichen Expeditionen zu nehmen. Doch wie begeistere ich die Kunden in einem Großstadt-Einkaufszentrum davon? Diese Frage hat sich The North Face gestellt. Als Antwort lädt es ihre Kunden auf virtuelle Expeditionen zu zwei amerikanischen Kultstätten ein. Die erste ist der wundervolle Yosemite-Nationalpark, der in den kalifornischen Bergen der Sierra Nevada liegt. Die zweite ist die Moab-Wüste in Utah, in der massive rote Felsformationen zu bestaunen sind. Um möglichst viele Kunden an den Expeditionen teilhaben zu lassen, wurden atemberaubende Virtual-Reality-Erlebnisse geschaffen.

Für die VR-Erfahrung testet der Kunde die Ausrüstung im Store und wird zusammen mit den The-North-Face-Athleten Cedar Wright und Sam Elias auf eine Tour geschickt. Dabei fühlt sich der Zuschauer, als wäre er live dabei, wenn die beiden ein Seil vorbereiten, klettern und ihre Pläne für den nächsten Tag machen. Setzt der Kunde das Headset auf, wird er sofort in die Mitte des Geschehens hineinversetzt. Er hat dabei die völlige Freiheit, sich in jede Richtung umzusehen. Jeden Moment des Abenteuers so zu erleben, als wäre er tatsächlich dabei.

Dass die Erfahrung der virtuellen Realität so überzeugend ist, liegt an dem qualitativ hochwertigen Material, mit dem das Programm gefüttert wurde. Eine Gruppe von Athleten und Filmemachern arbeitete gemeinsam mit The North Face vor Ort zusammen, um die Inhalte zu produzieren. Aufgenommen wurde alles mit 360-Grad-Kameras, stereoskopischen 3D-Kameras und fortschrittlichen 3D-Soundfieldmikrofonen.

Virtual Reality lässt The North Face seine Geschichten so überzeugend erzählen, dass Betrachter gern in diese Welt eintauchen und so die Ausrüstung testen. Dieses Erlebnis schafft eine enge Verbindung zum Thema und somit zur Marke. Denn Menschen kaufen lieber von Unternehmen, zu denen sie eine emotionale Verbindung haben.

DIE ZIELGRUPPE STEHT IM MITTELPUNKT UND NICHT DIE TECHNOLOGIE.«

LOWE'S:
PREISGEKRÖNTER HOLOROOM

Viele Heimwerkerprojekte werden von Kunden gar nicht erst begonnen, weil sie sich nicht zutrauen, die Sache allein fertigzustellen, zeigen Studien. Deshalb entwickelte man in den Innovation Labs von Lowe's verschiedene Prototypen, die virtuelle Realität nutzen, um Kunden eine möglichst direkte Vorstellung von Heimwerkerprojekten und den entstprechenden Handwerkszeugen zu ermöglichen. Dabei handelt es sich um umfassende, multisensorische Virtual-Reality-Erfahrungen, die visuelle Elemente sowie Haptik, Geruch und Klang in einem virtuellen Erlebnis vereinen. Einem Erlebnis, bei dem Kunden neue Produkte ausprobieren und Profi-Tipps bekommen, um ihre Entscheidungsfindung zu erleichtern.

Im »Holoroom How To« können Kunden grundlegende DIY-Fertigkeiten (Do it Yourself) erlernen. Sie erfahren alles über das benötigte Material und die Schritte bis zur Fertigstellung. Und zwar in einer unterhaltsamen, interaktiven Virtual-Reality-Umgebung. So erlernen sie beispielsweise in einer Anwendung, wie man eine Dusche kachelt. Diese neue Form des Trainings gibt den Kunden das Wissen und Vertrauen, ihr Vorhaben selbstständig umsetzen zu können.

Mit dem »Holoroom Test Drive« haben die Lowe's Innovation Labs ein Konzept ins Leben gerufen, welches das Kundenbedürfnis »Try Before You Buy« innovativ befriedigt. Im »Holoroom Test Drive« können Kunden Elektrowerkzeug wie zum Beispiel eine Heckenschere im virtuellen Umfeld eines Gartens ausprobieren. Um diese Erfahrung so realistisch wie möglich zu gestalten, gibt es ein maßgeschneidertes Steuerungssystem. Sein Gewicht entspricht dem des Elektrowerkzeugs, damit der Kunde ein Gefühl für dessen Handhabung bekommt. Doch können Kunden neue Produkte nicht nur ausprobieren, sie bekommen auch Tipps von Experten, um den Entscheidungsprozess zu erleichtern.

Dieses Konzept wurde bereits in mehreren Stores erfolgreich umgesetzt und hat auf der Augmented World Expo 2018 den Auggie Award für die beste Unternehmenslösung erhalten.

LOWE'S COMPANIES INC. GEHÖRT ZU DEN FORTUNE® 500 UND IST EIN UNTERNEHMEN FÜR HEIMWERKERBEDARF MIT WÖCHENTLICH MEHR ALS 18 MILLIONEN KUNDEN IN DEN USA UND KANADA. LOWE'S UND SEINE VERSCHIEDENEN UNTERNEHMEN FÜHREN UND BELIEFERN MEHR ALS 2.200 STORES FÜR HEIMWERKERBEDARF UND BESCHÄFTIGEN RUND 300.000 MITARBEITER.

IKEA IST WELTWEIT GRÖSSTER MÖBELHÄNDLER UND WURDE 1943 VON DEM DAMALS
17-JÄHRIGEN INGVAR KAMPRAD IN SCHWEDEN GEGRÜNDET. HEUTE BESCHÄFTIGT
DAS UNTERNEHMEN RUND 211.000 MITARBEITER. IKEA ENTWIRFT UND VERKAUFT
MONTAGEFERTIGE MÖBEL, KÜCHENGERÄTE UND HAUSHALTSPRODUKTE IN ÜBER
400 STORES IN MEHR ALS 50 LÄNDERN.

IKEA:
VIRTUELLES MÖBELRÜCKEN

Beim Möbelkauf kann man zwar ausmessen, ob die Möbel in einen Raum passen, aber nicht jeder kann sich vorstellen, wie die Möbel schließlich im eigenen Raum wirken werden. Dazu wurde das VR-Erlebnis »Ikea Immerse« von der Digitalagentur Demodern entwickelt. Und man setzt sogar noch einen drauf: der Raum wird mit dieser VR-Anwendung nicht nur virtuell eingerichtet – Kunden können mit den Möbeln sogar interagieren. Die Möbel lassen sich so nach Belieben durch die Räume schieben und platzieren. Dieses Kundenerlebnis gibt es derzeit in ausgewählten Stores in Deutschland.

Mit Hunderten von Optionen und Konfigurationsmöglichkeiten können Kunden einen virtuellen Wohn- oder Küchenraum einrichten. Mit Headsets ausgestattet, werden die Benutzer von den Brand-Testimonials Jonas und Smilla per Voiceover durch die Anwendung geführt. Das intuitive Benutzeroberflächen- und Interaktionsdesign ermöglicht es jedem, die Anwendung zu nutzen.

Man wollte mit dem Virtual-Reality-Erlebnis eine Umgebung schaffen, die sich echt anfühlt und lebendig ist. Die Texturen von Holz, Metall und Glas sehen real aus. Bei unterschiedlichem Lichteinfall und zu verschiedenen Tageszeiten verändern sich sogar ihre Textur und Helligkeit. Und wer genau hinhört, der bemerkt auch den Sound der Produkte und Wohngeräusche. Denn sie wurden an realen Orten und in einem Ikea-Geschäft aufgenommen. Es sind Geräusche aus der Wohnung und von draußen, wie zum Beispiel spielende Kinder oder vorbeifahrende Autos. Und wenn man die Küche betritt, spricht der Erzähler über sein Lieblingsgericht.

Mit dieser VR-Erfahrung ist auch eine Interaktion mit verschiedenen Nutzern möglich. Auch an Social Media wurde gedacht: Ein Panorama-Bild des Raumes kann direkt in den sozialen Netzwerken geteilt werden. Außerdem kann von allen Artikeln des konfigurierten Raumes direkt eine mobile Einkaufsliste erstellt werden.

Kunden lieben das »Ikea Immerse«-Erlebnis – und so hat es sich als In-Store-VR-Erfahrung etabliert. Denn der virtuelle Raum lädt ein zum Ausprobieren, Konfigurieren, Teilen und Wiederkommen.

DIE **AUDI AG** IST EIN DEUTSCHER AUTOBAUER FÜR PREMIUM-FAHRZEUGE UND GEHÖRT ZUM VOLKSWAGEN-KONZERN. SIE WURDE 1899 GEGRÜNDET UND HAT IHRE FIRMENZENTRALE IN INGOLSTADT. DAS UNTERNEHMEN BESCHÄFTIGT WELTWEIT ÜBER 90.000 MITARBEITER, DAVON 60.000 AN DEN DEUTSCHEN STANDORTEN INGOLSTADT UND NECKARSULM. DER AUTOHERSTELLER IST IN MEHR ALS 100 MÄRKTEN TÄTIG UND WÄCHST KONTINUIERLICH.

AUDI:
MIT 3D-SIMULATOR ZUM WUNSCHAUTO

Ein Auto-Neukauf ist eine große Investition. Wenn Kunden so viel Geld für ein Fahrzeug ausgeben, dann wollen sie auch möglichst viele Details definieren. Früher haben sich die Kunden anhand der Broschüren ihr Auto individuell zusammengestellt. Sie konnten nur darauf hoffen, dass alles in Wirklichkeit auch so aussehen würde, wie sie es sich vor ihrem geistigen Auge vorgestellt hatten. Audi hat diese Schwachstelle beim Autokauf gelöst und daraus ein spannendes Einkaufserlebnis gemacht.

Die »Customer Private Lounge« gibt es derzeit bei über 400 Audi-Händlern weltweit. Sie besteht aus einem gemütlichen Sitzbereich mit einem optionalen Virtual-Reality-Headset und einem 190 Zentimeter (75 Zoll) großen Bildschirm. Auf diesem stellt der Verkaufsberater die gesamte Audi-Produktpalette mit allen Farben, Features und Konfigurationsmöglichkeiten vor. Und dann geht's los. Der Kunde kann sich das Auto nach eigenem Geschmack und individuellem Bedarf konfigurieren.

Sobald alles zusammengestellt ist, lässt sich das selbst kreierte Auto in drei Dimensionen und im 360-Grad-Modus in natürlicher Größe virtuell erleben. Der zukünftige Besitzer kann die Farben und Konfigurationen auch während der Fahrt betrachten und mit dem Fahrzeug interagieren. Es lassen sich beispielsweise die Türen öffnen und schließen oder das Licht der Scheinwerfer ein- und ausschalten. Das Ganze bei verschiedenen Lichtverhältnissen zu unterschiedlichen Tageszeiten und den dazugehörigen Toneffekten.

Dieses VR-Erlebnis konfiguriert die Autos bis ins kleinste Detail und ermöglicht es, den Fahrzeuginnenraum aus jedem Winkel und nächster Nähe zu betrachten. Durch die Verwendung von High Fidelity 4K Rendering entsteht ein realitätsgetreues Erscheinungsbild. Alle VR-Visualisierungen wurden auf Basis des gesamten Entwicklungs- und Konstruktionsprozesses der Fahrzeuge kreiert. Grundlage sind die Visualisierungen der Masterfahrzeugmodelle, die jede einzelne Platte, jede Schraube und jedes erdenkliche Befestigungselement enthalten.

Das Virtual-Reality-Erlebnis der »Customer Private Lounge« ist ein vollwertiges Verkaufstool für Audi geworden. Sie bietet den Kunden detaillierte Informationen und maximale Sicherheit bei ihrer Kaufentscheidung.

ARTIFICIAL INTELLIGENCE | KÜNSTLICHE INTELLIGENZ

Überall spricht man von den unzähligen Einsatzmöglichkeiten von Artificial Intelligence (AI) im Einzelhandel. Doch was genau versteht man überhaupt darunter? Artificial Intelligence – deutsch: künstliche Intelligenz – ist ein Teilgebiet der Informatik. Sie simuliert die menschliche Intelligenz, indem sie Probleme löst, Befehle entgegennimmt und erteilt sowie Aufgaben für den Menschen automatisiert. Hinter der Artificial Intelligence stehen Algorithmen, die aus Erfahrungen lernen können. Der Nutzen: Aufgaben werden effizienter, genauer und kostengünstiger umgesetzt als durch Menschen. Beispiele für den Einsatz von AI sind das Verstehen menschlicher Sprache oder das autonome Fahren von Autos.

Artificial Intelligence hält zunehmend Einzug in den Handel. Aber nicht so, wie man es sich vielleicht vorstellen könnte. Wir werden vermutlich auch in Zukunft nicht überall von umherfahrenden Robotern umgeben sein. AI wird für die Kunden kaum sichtbar sein und dennoch großen Einfluss auf den Geschäftsbetrieb und das Kundenerlebnis nehmen: zum Beispiel mit Vertriebs- und CRM-Anwendungen oder personalisierten Kundenempfehlungen. Der Einsatz von AI wird im Handel zunehmend Bereiche betreffen wie die Herstellung, Logistik und Lieferung sowie die Abwicklung von Zahlungen und Zahlungsdienste.

Die Lagerhaltung kann mit dieser zukunftsweisenden Technik optimiert werden, um das Kundenerlebnis zu verbessern. Artificial Intelligence hilft beispielsweise den Kunden, das gewünschte Produkt zu finden, informiert Mitarbeiter, wenn etwas aufgefüllt werden muss, oder errechnet das optimale Verhältnis von Warenmenge, Lagerraumnutzung, voraussichtlicher Nachfrage und Gewinn. Für die Preisgestaltung kann AI ebenfalls genutzt werden. Wir sind es bereits gewohnt, dass sich die Preise beim Benzin an Tankstellen oder für Flüge und Hotels ständig verändern – auch dahinter steckt heute in aller Regel AI. So passt beispielsweise Amazon.com mit AI seine Preise täglich mehrere Millionen Mal an. Basierend auf Dateninformationen zu Trends, Jahreszeit, Verfügbarkeit, Nachfrage oder auch Preisen von Mitbewerbern.

Artificial Intelligence im Kundenservice kann die Servicequalität erheblich verbessern, da Kundenprobleme oder -anfragen in Echtzeit beantwortet werden. Es können Informationen auf Grundlage des Standorts, der Saison oder anderer Kriterien angepasst werden, die von Store zu Store unterschiedlich sind. AI nennt zum Beispiel Empfehlungen für Produkte, die in dem entsprechenden Geschäft erhältlich sind. Umgekehrt kann AI auch Vorschläge für Produkte vermeiden, die bereits vergriffen oder aus anderen Gründen an diesem Standort nicht verfügbar sind.

Es gibt wahrscheinlich kein besseres Einkaufserlebnis, als wenn Kundenerwartungen schon im Voraus erkannt werden. Es können – zum Glück – keine Gedanken gelesen werden, aber fast: Die sogenannte Facial Recognition, also die Gesichtserkennung, gibt Auskunft über demografische Daten wie Alter, Geschlecht und ethnische Herkunft. Damit sind AI-Systeme in der Lage, personalisierte Produktempfehlungen anzuzeigen. Es gibt auch In-Store-Systeme, die mit Smartphone-Apps verknüpft sind und das Store-Team darüber informieren, welcher Kunde gerade den Store betritt und wie dessen bisheriges Einkaufsverhalten war. So »gläsern« wir uns dabei auch fühlen mögen: Es bedeutet einen enormen Informationsvorsprung für jedes Verkaufsgespräch. Wenn ein Kunde mit seinem Namen begrüßt wird und ihm direkt die passenden Produkte empfohlen werden, kann er ein geradezu perfektes Einkaufserlebnis durchlaufen. Einige Technologien scannen die Gesichter auch hinsichtlich der Emotionen. Wird ein

ARTIFICIAL INTELLIGENCE
KÜNSTLICHE INTELLIGENZ

aufgeregter oder unzufriedener Kunde identifiziert, wird sofort ein Verkaufsmitarbeiter zu ihm geschickt.

Artifical Intelligence kann eine bedeutende Rolle bei der standortspezifischen Planung von Werbekalendern spielen. Mit den Daten vorheriger Werbeaktionen über Produkte, Kundenfrequenz, Vorlieben, Verkaufszahlen usw. kann AI einen Werbekalender basierend auf dem Kaufverhalten des jeweiligen Stores erstellen.

Die Einsatzmöglichkeiten von Artificial Intelligence im Einzelhandel sind unbegrenzt, doch der stationäre Handel nutzt das Potenzial längst noch nicht aus. Die größte Herausforderung liegt in der Datenerfassung im physischen Store. Online-Anbieter haben den Vorteil, über eine Unmenge an Dateninformationen zum Kundenverhalten zu verfügen. Von der Navigation durch die Produktpalette bis hin zu Produktvorlieben, Preisen, regionalen Unterschieden und vielen weiteren Informationen. Im stationären Handel gibt es vielleicht Transaktions- und Kundenkartendaten, doch für maschinelles Lernen reicht das nicht aus. Für eine umfassende Nutzung der Möglichkeiten von AI bedarf es komplexer Systeme, die meist recht teuer sind. Doch die Investition lohnt sich, um die internen Prozesse zu optimieren (und dadurch Betriebskosten zu senken) und den Kunden einen einzigartigen Service und somit ein einzigartiges Markenerlebnis zu bieten.

CALL TO ACTION

- Definieren Sie Schwachstellen in den Unternehmensprozessen und im Einkaufsprozess der Kunden.

- Fragen Sie sich, mit welchen Informationen Sie diese Schwachstellen lösen können.

- Lassen Sie sich von Experten beraten, mit welchen Systemen Sie die gewünschten Informationen errechnen und bereitstellen können, um die Schwachstellen zu beseitigen.

HSBC
Touch the Tablet to Begin

HSBC:
MEET PEPPER

In ihrem Privatkundengeschäft will HSBC »Bank of the Future« werden. Zur Verwirklichung ihrer Vision hat die Bank entsprechende Maßnahmen eingeleitet. Die für die Kunden größte Veränderung liegt in der Einführung von Pepper, dem engagierten und sozialen Roboter der HSBC-Bankfilialen. Und der ist nicht nur äußerst hilfsbereit, das Kerlchen sieht mit seinen Kulleraugen auch ganz niedlich aus.

Pepper ist ein humanoider Roboter mit einem Tablet vor der Brust. Auf Rädern kann er sich selbstständig fortbewegen. Pepper hat Arme und Hände, damit auch ein Handshake klappt. Schließlich ist Pepper ein Roboter für Menschen. Er steckt voller Wissen und bietet Kunden mit seinem integrierten interaktiven Bildschirm grundlegende Produktinformationen und Optionen des Self-Service-Bankings.

Beim Betreten der HSBC-Filiale begrüßt Pepper freundlich die Kunden und ermittelt durch erste Fragen deren Bedürfnisse. Im Gesprächsverlauf sammelt er Daten über die Vorlieben, Eigenschaften und Gewohnheiten der Kunden, um seine Antworten entsprechend zu personalisieren. Weil Pepper äußerst kollegial ist, leitet er bei Aufforderung die neu gewonnenen Informationen sofort an die Bankmitarbeiter weiter. So kann sich das Team im Gespräch mit den Kunden auf das Wesentliche konzentrieren. Der Roboter bringt die digitale mit der realen Welt zusammen und unterstützt die Belegschaft. Keine Sorge, Pepper hat nicht vor, seine Kollegen zu ersetzen. Er macht die Prozesse nur effektiver, indem er routinemäßige Aufgaben erledigt. Das spart Zeit, wovon alle Beteiligten profitieren. Kundendaten oder persönliche Bankdaten sind für Pepper übrigens nicht verfügbar.

Der Roboter kommuniziert mit Worten, Augen und Körpersprache. Kunden macht es eine Menge Spaß, mit ihm zu interagieren. Pepper ist einprägsam, informativ, immer freundlich, positiv und professionell. Mit ihm wird ein Bankbesuch zu einem unvergesslichen und außergewöhnlichen Erlebnis. Kein Wunder, dass Pepper seit seiner Einführung in den sozialen Netzwerken der Star unter den Robotern ist. Mit einer Kampagne hat HSBC seine Kunden aufgefordert, Fotos mit Pepper zu machen und diese zu teilen: Die Hashtags heißen #MeetPepper und #PoseWithPepper.

HSBC war das erste Finanzinstitut der USA, das die Robotertechnologie für das Privatkundengeschäft eingeführt hat. Das Transaktionsvolumen an Geldautomaten und neue Kreditkartenanträge sind seither gestiegen. Allein in der New Yorker Niederlassung war von Jahr zu Jahr ein Geschäftsanstieg von 60 Prozent zu verzeichnen.

HSBC IST EINE MULTINATIONALE BANK- UND FINANZDIENSTLEISTUNGSHOLDING, DIE 1865 IN HONGKONG GEGRÜNDET WURDE. IHRE GESCHÄFTSFELDER UMFASSEN UNTER ANDEREM DIE VERMÖGENSVERWALTUNG SOWIE DAS ANLAGE-, GESCHÄFTS- UND PRIVATKUNDENGESCHÄFT. MIT MEHR ALS 240.000 MITARBEITERN UND NIEDERLASSUNGEN IN 66 LÄNDERN IN EUROPA, ASIEN, DEM MITTLEREN OSTEN UND AFRIKA, NORDAMERIKA UND LATEINAMERIKA IST HSBC DERZEIT EINES DER GRÖSSTEN BANK- UND FINANZDIENSTLEISTUNGSUNTERNEHMEN DER WELT.

AMAZON IST DAS WELTWEIT GRÖSSTE E-COMMERCE-UNTERNEHMEN UND HAT SEINEN HAUPTSITZ IM US-AMERIKANISCHEN BUNDESSTAAT WASHINGTON. ES WURDE 1994 GEGRÜNDET UND BESCHÄFTIGT HEUTE RUND 650.000 MITARBEITER. ALS ERSTER PHYSISCHER BUCHLADEN DES UNTERNEHMENS WURDE AMAZON BOOKS 2015 IN SEATTLE, WASHINGTON, ERÖFFNET. HEUTE GIBT ES RUND 20 DIESER STORES. DIE DURCHSCHNITTLICH 350 BIS 900 QUADRATMETER GROSSEN GESCHÄFTE FÜHREN NEBEN BÜCHERN AUCH TABLETS UND SMART-HOME-GERÄTE.

AMAZON BOOKS:
DER ALGORITHMUS UNSERER WÜNSCHE

Verbraucher vertrauen bei Kaufentscheidungen auf guten Rat: von Freunden, der Familie oder von Produktbewertungen. Kunden, die nach Kaufberatung suchen, werden zunehmend von Artificial Intelligence geleitet. Datenbasierte Erkenntnisse ermöglichen es Einzelhändlern, tiefer in die Personalisierung einzusteigen und auf diese Weise Lösungen zu entwickeln, um Kunden die besten und passendsten Produkte vorzuschlagen. Wer weiß, welches Buch zu einem bestimmten Thema die besten Bewertungen erhalten hat? Amazon.com weiß es. Und somit weiß es auch Amazon Books.

Es gibt eine Fülle von Daten, die dem Online-Riesen zur Verfügung stehen. Darauf basiert das Grundkonzept von Amazon Books. Es wird ein ausgeklügeltes System verwendet, um die meistverkauften und beliebtesten Bücher in die physischen Stores zu bringen. Amazon bieten den Kunden genau das, was sie sich laut dieser Daten aktuell wünschen.

Die Auswahl und Sortierung des Inventars basiert auf Kundendaten zusammen mit einem »Human Touch«, also Entscheidungen von Mitarbeitern. Alle Artikel im Store sind bei Amazon.com mit vier Sternen oder höher bewertet, oder sie gehören zu den bestverkauften Büchern, sie sind Neuerscheinungen oder gerade besonders beliebt. Die Gänge werden nach den üblichen Abschnitten kategorisiert, die man in einem Buchladen erwartet: Belletristik, Kinder, junge Erwachsene, Kochen, Biografien usw. Daneben gibt es auch Amazon-spezifische Bereiche mit Buchtiteln, die mithilfe der gesammelten Amazon-Daten zusammengestellt werden: »If you like … You'll love …« oder »Most-Wished-For Books on Amazon.com«.

Sicher, die Buchhandlungen führen eine relativ geringe Anzahl an Büchern. Sie verfügen auch nicht über den dafür nötigen Umfang an speziellen Lagerbeständen. Dafür sind sie gut ausgestattet und sehr innovativ. Zu jedem Titel gibt es eine Karte mit der Amazon-Sternebewertung und einem Ausschnitt der Kundenbewertungen. Digitale Preisschilder an jedem Produkt im Store zeigen Kunden nicht nur den Preis und jenen von Amazon Prime, sondern auch die Preisersparnisse für Prime Member, die durchschnittliche Anzahl der Sternebewertung und die Zahl der Kommentare. Außerdem gibt es Preis-Scanner über den gesamten Store verteilt. Amazon-Prime-Mitglieder zahlen im Store den Online-Preis der Bücher, während Nicht-Prime-Kunden den zuweilen höheren Listenpreis zahlen (aufgrund der Buchpreisbindung in Deutschland aber nicht möglich).

Amazon Books ist als Erweiterung von Amazon.com eine geradezu logische Konsequenz. Denn dank der Artificial Intelligence bekommen Kunden hier genau das präsentiert, wonach die meisten von ihnen gerade suchen oder was mit großer Sicherheit zu ihren Wünschen passt. Denn Amazons AI erkennt die Wünsche der Kunden früher als die Kunden selbst.

UNIQLO CO. LTD. WURDE 1949 IN JAPAN GEGRÜNDET. ES IST EINE TOCHTERGESELLSCHAFT DER FAST RETAILING CO. LTD., FÜHRT RUND 2.200 STORES WELTWEIT UND BESCHÄFTIGT ÜBER 44.000 MITARBEITER. DIE STORES SIND RUND 1.600 QUADRATMETER GROSS UND BIETEN HOCHWERTIGE, INNOVATIVE BEKLEIDUNG MIT EINEM DESIGN UND TRAGE-KOMFORT AN, DIE SICH AN KEINE EINGRENZTE ZIELGRUPPE RICHTEN.

UNIQLO:
NEURO-HEADSET FÜR DIE KAUF-ENTSCHEIDUNG

Wenn die Auswahl zu groß ist, wünschen wir uns manchmal, dass jemand für uns die Entscheidung trifft. Jemand, der haargenau weiß, wonach wir suchen. Genau dieser Aufgabe hat sich Uniqlo gestellt. Denn mit über 600 verschiedenen T-Shirt-Designs sind die Kunden verständlicherweise manchmal damit überfordert, zu entscheiden, welches T-Shirt am besten zur ihrer individuellen und damit einzigartigen Persönlichkeit passt. Die Lösung des Dilemmas heißt UMood. Dahinter steckt eine In-Store-Aktivierung, die mithilfe von Neurowissenschaftstechnologie und Artificial Intelligence darüber Auskunft gibt, was jedem einzelnen Menschen wirklich gefällt.

Doch was genau steckt nun hinter UMood? Ausgewählte Uniqlo Stores verfügten für einen begrenzten Zeitraum über UMood-Kioske mit AI-Technologie. Hier wurden Kunden mit einem Neuro-Headset ausgestattet, das ihre Gehirnströme messen konnte. Während dem Benutzer verschiedene Medien wie Bilder und Videos gezeigt wurden, traten unbewusst neurologische Reaktionen auf. Die Hirnaktivität wurde dann in Bezug auf Interesse, Stress, Konzentration und Schläfrigkeit gemessen. Diese Daten wurden in Echtzeit von einem für Uniqlo maßgeschneiderten Algorithmus ausgewertet. War die momentane Stimmung des Kunden analysiert, wählte der Algorithmus eine Reihe von dazu passenden Uniqlo-T-Shirts aus.

Dieses Erlebnis mag vielleicht nicht alltagstauglich sein. Es ist sicher auch keine dauerhafte Unterstützung bei Kaufentscheidungen. Dafür bot Uniqlo mit dieser In-Store-Technologie seinen Kunden ein ganz persönliches und neuartiges Erlebnis: einen auf Neurowissenschaften und Artificial Intelligence basierenden »Stylisten«.

DIE **HENNES & MAURITZ AB** IST EIN SCHWEDISCHES FILIALUNTERNEHMEN, DAS FAST-FASHION-BEKLEIDUNG FÜR FRAUEN, MÄNNER, JUGENDLICHE UND KINDER ANBIETET. DER RETAILER WURDE 1947 IN STOCKHOLM GEGRÜNDET, WO SICH AUCH HEUTE NOCH DIE ZENTRALE BEFINDET. MIT ÜBER 170.000 MITARBEITERN UND RUND 4.500 FILIALEN IN MEHR ALS 60 LÄNDERN IST H&M DER ZWEITGRÖSSTE BEKLEIDUNGSEINZELHÄNDLER DER WELT. DIE KERNZIELGRUPPE DES UNTERNEHMENS SIND MODISCHE UND TRENDIGE VERBRAUCHER.

H&M:
TRENDSCOUTS AI & BIG DATA

So wie viele Unternehmen hatte auch H&M mit starken Gewinnrückgängen zu kämpfen. Um das zu ändern, wurden hohe Investitionen in Artificial Intelligence getätigt. Sie sollte helfen, effizientere Lieferketten zu schaffen, Lagerbestände und Warenaussteuerung zu optimieren und Trends besser vorherzusehen. Die Investitionen in die Technologien haben sich gelohnt: Innerhalb von nur einem Jahr konnte H&M seine Gewinne enorm steigern.

H&M steht, genau wie andere Fast-Fashion-Einzelhändler, unter einem enorm hohen Druck, Trends frühzeitig vorhersehen zu müssen. Da die Gewinnmargen klein sind, stellen Kollektionen, die sich nicht sofort verkaufen, eine ernsthafte Herausforderung dar. Die unerwünschten Bestände müssen verschoben werden, und das verursacht Kosten. Wenn sich die Ware auch woanders nicht verkauft, muss sie reduziert werden – die entsprechenden Kosten verringern wiederum die Gewinnmarge. Heute nutzt H&M riesige Datenmengen und AI, um die Modetrends und Vorlieben vorauszusagen. Eine große Hilfe, mit der sich das Risiko schlecht verkäuflicher Kollektionen reduzieren lässt.

Früher hatten alle Stores mehr oder weniger dieselbe Ware im Sortiment. Das führte zu häufigen und vor allem überregionalen Reduzierungen von unverkauften Beständen in vielen, vielen Stores. Heute löst H&M dieses Problem, indem das Angebot und die potenzielle Nachfrage auf die lokale Kundschaft abgestimmt werden. Dafür analysieren die Algorithmen der AI-Systeme Informationen von Einkäufen, Retouren und Kundenkartendaten. So kann der jeweilige Warenbestand exakt an die örtlichen Kundenbedürfnisse angepasst werden. Das Ergebnis: Die richtigen Waren werden den richtigen Stores auf den richtigen Märkten zugeordnet.

Die Investition des Unternehmens in Artificial Intelligence war mit Sicherheit der richtige Schritt. Nun werden mit Daten- und AI-Algorithmen Trends sicherer vorhergesehen, Merchandising-Entscheidungen getroffen sowie Lieferketten und Abläufe optimiert. Auch wenn die meisten dieser Maßnahmen für den Kunden nicht wirklich sichtbar sind, tragen sie dennoch zu einem positiven Einkaufserlebnis bei: Denn was gewünscht wird, ist auch in optimaler Menge vor Ort zu finden.

RFID | RADIOFREQUENZ-IDENTIFIKATION

Was hat das gute alte Radio mit einer neuen smarten Technologie zu tun, die den Einzelhandel gerade auf Zack bringt? Nun, Radiowellen lassen sich in dieser Branche bestens nutzen: mit der sogenannten Radio Frequency Identification, also Radiofrequenz-Identifikation. Bei der Nutzung von RFID werden Radiowellen verwendet, um Daten von kleinen Chips, sogenannten Tags, zu erfassen. In der Praxis sieht das so aus, dass ein Lesegerät eingesetzt wird, das Funksignale interpretiert und weiterleitet. Befindet sich ein Tag in der Nähe, empfängt er das Signal und sendet eine Rückmeldung an das Lesegerät. Dieses identifiziert den Tag und empfängt die Daten, die darauf enthalten sind. Lesegeräte können Handscanner, Türscanner und sogar Mobiltelefone sein. Tags sind kleine Chips, die in Objekte wie Smart Cards, Schlüsselanhänger und Aufkleber eingebettet werden können.

Im stationären Handel eingesetzt, kann man sich so sehr schnell einen exakten Überblick über den Warenbestand verschaffen. Das Zählen der Produkte oder das manuelle Scannen eines jeden Artikels zur Inventur ist sehr zeitaufwendig und der Mitarbeitereinsatz kostenintensiv. RFID-Scanner können Tags auf eine Entfernung von bis zu sechs Metern lesen und Hunderte von Tags pro Sekunde erfassen. Permanent installierte RFID-Scanner bieten eine Echtzeit-Überwachung des Warenbestandes. Ihr Einsatz erleichtert es enorm, Produkte immer in ausreichender Menge für die Kunden verfügbar zu machen.

Mit dieser Technologie lässt sich genau verfolgen, ob und wohin die Produkte bewegt werden. Wenn ein Supermarkt RFID-Tags in seine Einkaufswagen integriert, gibt dies jederzeit einen Überblick darüber, wann sie das Geschäft oder sogar das Gelände verlassen haben und wann sie zurückgebracht wurden. Tags können somit auch Auskunft darüber geben, ob auf dem Parkplatz aktuell genügend Einkaufswagen für die Kunden zur Verfügung stehen. Dieselbe Funktion kann auch zur Diebstahlsicherung genutzt werden. Bei Abgleich der Zahlungsinformationen mit der individuellen Artikel-ID kann ein Diebstahlsystem Alarm schlagen, sobald ein unbezahlter Artikel einen Ausgangsleser passiert.

RFID ermöglich darüber hinaus einen automatisierten Bezahlvorgang. Kunden können Artikel mit einer App auf ihrem Handy scannen und automatisch über Zahlungssysteme wie Google Pay oder Apple Pay bezahlen. Alternativ dazu können auch alle Artikel beim Passieren der Kassenschleuse zeitgleich gescannt und mit der Karte bezahlt werden. Das macht das Einkaufen sehr kundenfreundlich und spart den Kunden viel Zeit.

Auch im Marketing bietet RFID neue Möglichkeiten. Tags auf In-Store-POS-Werbematerialien können für den Kunden hilfreiche Daten enthalten. Mit einer entsprechend programmierten App können über Mobiltelefone Informationen abgerufen werden. Das können beispielsweise detaillierte Produktspezifikationen, Verfügbarkeit oder ein Rabattcoupon sein, der direkt im Store eingelöst werden kann.

Bei Kunden, die mit Kredit-, Debit- oder Kundenrabattkarte bezahlen, können die Einkäufe mit den erfassten RFID-Daten verknüpft werden. So lassen sich alle Bewegungen dieses Kunden exakt nachvollziehen. Das Kundenverhalten lässt sich auf diese Weise leichter verstehen, um entsprechende Verbesserungen vorzunehmen. Mit diesem Wissen können zum Beispiel das Store-Layout optimiert, Laufwege der Kunden angepasst oder einzelne Produkte besser platziert werden.

RFID ist mittlerweile relativ kostengünstig zu implementieren. Das funktioniert allerdings nur, wenn Händler und Produzenten mitspielen und die Produkte einen RFID-Tag haben oder dieser nachträglich befestigt wird. Ist das gewährleistet, bietet diese Technologie viele neue Möglichkeiten für die Einzelhändler und ein besseres Einkaufserlebnis für die Kunden.

CALL TO ACTION

- Überlegen Sie sich, ob es Schwachstellen in Ihren Prozessen gibt, die mit RFID gelöst werden können.

- Stellen Sie sicher, dass alle Artikel Ihrer Händler und Produzenten über RFID-Codes verfügen; oder suchen Sie nach einer für Ihre Produkte geeigneten Alternative zur Befestigung der Tags.

- Definieren Sie im Vorfeld, welche der vielseitigen Funktionen dieser Technologie Sie nutzen wollen und wie sie sich in die täglichen Prozesse integrieren lässt.

Please, approach the screen with item(s)...
Pepe Jeans
LONDON

PEPE JEANS:
HOSEN IM FUNKVERKEHR

Nicht jeder liebt Shopping. Vor allem nicht, wenn die Suche nach neuer Kleidung so aussieht: Der Kunde stellt in der Umkleidekabine fest, dass die ausgewählte Hose nicht die perfekte Größe oder Waschung hat; nun muss er sich wieder anziehen und die Kabine verlassen, um nach einer neuen Größe oder einer anderen Waschung zu schauen; zurück in der Kabine geht das Spielchen mit dem Umziehen wieder von vorne los. Wie mühsam. Deshalb gehen Kunden in der Regel nur einmal in die Garderobe und ziehen sich auch nur einmal um. Was dann nicht passt, bleibt im Laden.

Im Londoner Flagship-Store von Pepe Jeans läuft das anders. Die Umkleidekabinen sind mit einer RFID-Technologie und interaktiven Bildschirmen ausgestattet. Wenn ein Kunde die anprobierten Artikel in der Umkleidekabine aufhängt, erkennt der RFID-Leser die Funksignale der Tags an der Kleidung sowie die hinterlegten Informationen. Sofort werden die Produkte, Größen, Farben und Styles der entsprechenden Artikel auf einem großen Bildschirm an der gegenüberliegenden Wand angezeigt.

Stimmen zum Beispiel Passform oder Farbe nicht perfekt, kann man über den interaktiven Bildschirm direkt aus den im Store verfügbaren Alternativen auswählen. Nun werden die Verkäufer durch das System informiert und bringen die Artikel sofort in die Kabine. So kann der Kunde die Ware direkt anprobieren. Ohne die nervige Klamotten-an-Klamotten-aus-Prozedur. Ohne die Umkleide verlassen zu müssen. So etwas darf sich wirklich innovativer Service nennen, der ein positives Kundenerlebnis verspricht. Funkende Hosen, ein Traum.

DIE DENIM MARKE **PEPE JEANS LONDON** WURDE 1973 IN DER LONDONER PORTOBELLO ROAD GEGRÜNDET UND HAT HEUTE IHREN HAUPTSITZ IN MADRID IN SPANIEN. MIT KNAPP 2.300 MITARBEITERN UND ÜBER 500 STORES IST DAS UNTERNEHMEN IN 54 LÄNDERN VERTRETEN. DAS SORTIMENT UMFASST NEBEN DENIMS UND STREETWEAR AUCH ACCESSOIRES UND SCHUHE. DIE MARKE RICHTET SICH AN FRAUEN UND MÄNNER ZWISCHEN 18 UND 40 JAHREN SOWIE KINDER UND JUGENDLICHE ZWISCHEN VIER UND 16 JAHREN.

DAS INTERNET IST NIEMALS OUT OF STOCK.«

LULULEMON:
YOGA MEETS TECHNOLOGY

Noch vor einigen Jahren gab es bei Lululemon immer wieder mal Warenüberhänge in den Lagern und fehlende Ware auf den Verkaufsflächen. Das bedeutete ein ernsthaftes Problem im Kundenerlebnis, wenn die gewünschte Ware oder die richtige Größe im Store nicht verfügbar war. Mithilfe der RFID-Technologie konnte dieses Problem fast vollständig gelöst werden. Das System hat die Bestandsgenauigkeit in den Stores und Lagern auf eindrucksvolle 98 Prozent erhöht.

Die Einführung wurde in kürzester Zeit umgesetzt. Zuerst wurden der Druck und die Codierung der RFID-Tags in mehr als 30 Fabriken in 15 Ländern implementiert. Produkte ohne Tags wurden im Distributionszentrum nachbearbeitet, damit wirklich alle Artikel über einen Tag verfügen, wenn sie in den Stores ankommen würden. Innerhalb von nur sechs Monaten fand der Rollout in den rund 300 amerikanischen Stores statt.

Heute erfolgt die erste RFID-Lesung der Tags beim Wareneingang in den Stores. Sobald ein Artikel dann aus deren jeweiligem Lager auf die Verkaufsfläche gebracht wird, aktualisiert sich der Status des Artikels. Zusätzlich führen die Store-Teams wöchentliche Inventurzählungen durch. Diese dauern, dank der RFID-Technologie, aber nur etwa eine halbe Stunde.

Zum Auffüllen der Warenbestände waren früher zwei Mitarbeiter nötig, die über Walkie-Talkies miteinander kommunizierten, um für die Kunden alle Produkte auf der Verkaufsfläche bereitzustellen. Das war tatsächlich sehr »oldschool«. Heute hat man dank RFID-Technologie einen exakten Überblick darüber, welche Produkte gerade fehlen. Die entsprechend anfallenden Aufgaben können jederzeit erledigt werden. Im täglichen Umgang mit den Kunden sind alle Mitarbeiter mit Handheld-Geräten und einer App ausgestattet, um den Bestand stets überprüfen zu können.

So konnten die Prozesse in den Stores optimiert und die Arbeitszeiten reduziert werden. Alle Mitarbeiter verfügen nun über eine Bestandsübersicht in Echtzeit und wissen genau, wo welcher Artikel in welcher Größe gerade verfügbar ist. Zudem zeigt die RFID-Datenbank der App den Online-Kunden einen nahegelegenen Store an, in dem das gewählte Produkt in der gewünschten Menge, Größe und Farbe erhältlich ist. Nur so ist »Buy Online, Pickup in Store« überhaupt erst möglich.

Mit der Einführung von RFID-Systemen konnte Lululemon nicht nur seine Prozesse optimieren und das Kundenerlebnis verbessern, sondern auch über alle Kanäle den Umsatz steigern. Eine top Performance haben die Yogis und Yoginis da hingelegt!

DIE 1998 GEGRÜNDETE **LULULEMON ATHLETICA INC.** IST EIN KANADISCHER EINZELHÄNDLER FÜR SPORTBEKLEIDUNG. DAS UNTERNEHMEN HAT SEINEN HAUPTSITZ IN VANCOUVER UND VERFÜGT ÜBER MEHR ALS 400 STORES IN NORDAMERIKA, ASIEN, EUROPA UND OZEANIEN. MEHR ALS 13.000 MITARBEITER SIND FÜR DAS YOGA-INSPIRIERTE UNTERNEHMEN TÄTIG. IN DEN STORES WERDEN PERFORMANCE-SHIRTS, -SHORTS, -HOSEN SOWIE LIFESTYLE-BEKLEIDUNG UND YOGA-ACCESSOIRES FÜR FRAUEN UND MÄNNER ANGEBOTEN.

DIE AMERIKANISCHE KAUFHAUSKETTE **MACY'S** WURDE 1858 VON ROWLAND HUSSEY MACY IN NEW YORK GEGRÜNDET. SEIT 2015 IST SIE NACH EINZELHANDELSUMSÄTZEN DIE GRÖSSTE KAUFHAUSKETTE IN DEN USA. DER NEW YORKER FLAGSHIP-STORE IST MIT 116.000 QUADRATMETERN VERKAUFSFLÄCHE SOGAR EINES DER GRÖSSTEN KAUFHÄUSER DER WELT. RUND 130.000 MITARBEITER BESCHÄFTIGT DAS UNTERNEHMEN IN SEINEN HEADQUARTERS UND DEN RUND 640 FILIALEN IN DEN USA, PUERTO RICO UND GUAM, 38 BLOOMINGDALE'S- STORES UND RUND 170-BLUEMERCURY-LOCATIONS. DAS SORTIMENT UMFASST MODE, ACCESSOIRES, SCHMUCK, KOSMETIK, PARFÜM, KÜCHENUTENSILIEN UND EINRICHTUNGEN. MACY'S-STORES BIETEN ETWAS FÜR DIE GANZE FAMILIE, DOCH DIE HAUPTZIELGRUPPE SIND MÄDCHEN UND FRAUEN, DIE DER MITTELKLASSE ANGEHÖREN UND ZWISCHEN 16 UND 34 JAHREN ALT SIND.

MACY'S:
WARENBESTÄNDE PUNKTGENAU STEUERN

Es kommt nicht selten vor, dass ein Artikel irgendwo im Lager vergessen wird und dadurch die Möglichkeit verpasst wird, ihn zum regulären Preis verkaufen zu können. Als sei dies nicht ärgerlich genug, kann noch eine Herausforderung aus der digitalen Ecke hinzukommen: Der Artikel wird im Netz über »Buy Online, Pickup in Store« als verfügbar angezeigt. In diesem Fall verliert man nicht nur den Umsatz, sondern verärgert auch den Kunden. Macy's hat dieses Problem gelöst, indem alle Artikel in allen Stores mit RFID-Tags ausgestattet sind. So weiß man jederzeit punktgenau, wo sich jedes Produkt befindet.

Bereits vor einigen Jahren hat Macy's begonnen, die RFID-Technologie für sich zu nutzen und zu optimieren. Heute ist die Warenverfolgung entlang der gesamten Lieferkette – vom Lager bis zur Filiale – automatisiert. Die Tags ersetzen den aufwendigen Prozess des manuellen Scannens durch die Mitarbeiter. RFID ist bei Macy's kein aktuelles Projekt, sondern bereits fest in die Geschäftsabläufe integriert. Und das macht sich im Ergebnis bemerkbar. Die Genauigkeit der Warenbestände hat sich extrem verbessert. Dadurch konnte die Zahl der »Out of Stock«-Artikel massiv verringert werden. Das Ergebnis: gute Zahlen und zufriedenere Kunden.

ONLINE-INSPIRIERT

Es ist kein Geheimnis, dass E-Commerce das Einkaufsverhalten der Menschen grundlegend verändert hat. Sie erwarten den direkten Einblick in die verfügbaren Warenbestände, eine schnelle Produktsuche, Bewertungen anderer Kunden und vieles mehr. Diese hohen Standards setzen den stationären Handel unter Druck. Das veränderte Kundenverhalten macht es unumgänglich, Veränderungen im Unternehmen vorzunehmen, um bei diesem steigenden Wettbewerbsdruck mithalten zu können. Und die Herausforderungen sind immer wieder neue. Denn in unserer globalisierten, digitalisierten Welt gibt es keine Ruhephasen mehr zwischen wesentlichen Weiterentwicklungen und Innovationen des Marktes. Somit ist Veränderung auch für den Einzelhandel die einzige Konstante.

Online- und Offline-Shopping haben beide ihre eigenen Vorteile. Im Store kann der Kunde die Produkte anfassen, testen und direkt mit nach Hause nehmen. Der Online-Shop kann für jeden Kunden in Sekundenschnelle Produkte finden, die Verfügbarkeit prüfen, personalisierte Angebote machen und vieles mehr. Doch wer sagt denn, dass das im stationären Handel nicht auch möglich ist? Dieses Kapitel zeigt, wie die Vorteile des E-Commerce auf die physischen Stores übertragen werden können. Denn hier ist das Potenzial bei weitem noch nicht ausgeschöpft.

Der Beginn dieses Kapitels ist den sozialen Medien gewidmet, die jeder Store für sich nutzen kann und nutzen sollte. Das kann auf Portalen von Facebook über Instagram bis Pinterest geschehen. Oder einfach indem der Store so gestaltet wird, dass er ein beliebtes Social-Media-Motiv ist und die Kunden ihre Smartphones zücken, um Fotos zu machen. Apropos Smartphone: Die Apps der Unternehmen sollten nicht unterschätzt werden. Mit den richtigen Funktionen kann die Software für den Kunden im Store Unglaubliches leisten. Das reicht von Angaben zu Warenverfügbarkeit, Produktinformationen und personalisierten Angeboten bis hin zum mobilen In-Store-Navigationsgerät, das den Kunden direkt zum gewünschten Produkt führt.

Die bequeme Bezahlung der Produkte in Online-Shops lässt sich ebenfalls auf das Retail-Geschäft übertragen. Auch hier gibt es eine Vielzahl an Möglichkeiten, wie die Umsetzung aussehen kann. Entscheidend ist der Zeitfaktor. Kunden wollen, dass es schnell geht. Das gilt übrigens auch für die Bereitstellung der Waren – sei es zur Abholung oder als Lieferung nach Hause. Retouren sind online wie offline ein nerviges Thema. Der digitale Kunde muss die Ware wieder verpacken und zurücksenden. Der Kunde im physischen Store muss Zeit und Mühe für den erneuten Weg dorthin aufwenden und er muss sich in aller Regel auf Wartezeiten am Umtauschschalter einstellen. Doch auch dafür gibt es Lösungen.

E-Commerce hat dem stationären Handel gezeigt, wie es geht. Nun muss der stationäre Handel seine neuen Chancen auch nutzen. Sie liegen darin, Lösungen des Online-Handels für sich zu adaptieren und sie mit den eigenen Vorteilen zu kombinieren. Für Kunden bedeutet dies die Möglichkeit, im stationären Handel das Beste aus beiden Welten zu bekommen.

SOZIALE NETZWERKE

Es ist vielleicht etwas klischeehaft zu behaupten, dass Millennials keine Mahlzeiten mehr einnehmen können, ohne ein Foto davon zu posten. Ganz nach dem Motto: Was nicht auf den Social Networks gepostet wurde, hat man auch nicht erlebt. So übertrieben es auch sein mag, aber es hat auch einen wahren Kern. Facebook allein hat weltweit über zwei Milliarden Nutzer, wovon zwei Drittel die Plattform täglich nutzen. Diese und andere Netzwerke werden damit zum zentralen Bestandteil der Markenstrategie von Unternehmern aus allen Branchen. Man könnte daher ebenso überspitzt, aber richtig sagen: Ein Produkt, das nicht in den sozialen Netzwerken stattfindet, findet auch nicht im Leben der User statt.

Social-Media-Marketing trägt auch bei rein stationären Einzelhändlern wesentlich zum Erfolg bei. Die meisten Kunden recherchieren online, bevor sie überhaupt einen Store betreten. Damit haben die sozialen Medien einen wichtigen Einfluss auf die Kaufentscheidung. Für die richtige Präsenz in den sozialen Netzwerken gibt es zwei wichtige Strategien. Die erste besteht darin, sich selbst aktiv als Marke darzustellen. Die andere besteht darin, dass die Kunden der Marke Fotos und Selfies aus dem Store teilen.

Viele kleine Unternehmen haben Schwierigkeiten, Zeit für die eigene Online-Vermarktung zu finden. Daher ist es umso wichtiger, bewusst zu entscheiden, in welche Social-Media-Plattformen man Zeit und Geld investiert. Nur so lassen sich auch wirklich die eigenen Zielkunden erreichen.

Google My Business (GMB) ist zwar kein klassisches Social-Media-Netzwerk, aber wahrscheinlich die wichtigste Plattform zur Selbstdarstellung eines Unternehmens. Suchende können auf einfache Weise Informationen zu Ihrem Unternehmen in Suchanfragen, auf Karten und bei Google finden. Sie können problemlos Bilder Ihrer Stores hochladen, die diese von ihrer besten Seite zeigen. Das ist kostenlos und einfach zu verwalten.

Facebook ist hauptsächlich eine allumfassende Social-Media-Plattform und sicher ein guter Ausgangspunkt für jedes Unternehmen, unabhängig von der Branche. Es bietet viele Werbemöglichkeiten für den stationären Handel. Sie können Fotos, Videos und wichtige Unternehmensaktualisierungen teilen und Ihre Kunden dazu ermutigen, Bewertungen auf Ihrer Seite zu hinterlassen.

Instagram eignet sich hervorragend für visuell ansprechende Produkte aus Bereichen wie Mode, Beauty und Food. Es ist in erster Linie eine App zum Teilen von Fotos. Sie ist insbesondere bei Millennials sehr beliebt und bietet viele Möglichkeiten, Ihre Markenbekanntheit zu erhöhen.

Twitter ist eine Plattform, die sowohl von B2C- als auch B2B-Unternehmen genutzt wird. Sie eignet sich für Nachrichten, Trends und Kundenanliegen. Kunden verwenden Twitter gerne, wenn sie Probleme mit einem Produkt oder einer Dienstleistung haben, indem sie ihren Tweet direkt an das Unternehmen richten. Darin kann ein Problem liegen, aber auch eine Chance: Jeder kann sehen, wenn Unternehmen schnell reagieren und sich in Echtzeit erfolgreich um die Angelegenheit kümmern.

Pinterest ist wie eine Pinnwand voller Ideen. Wenn Bilder und Produkte visuell ansprechend sind, möchten Menschen sie häufig an ihren eigenen digitalen Pinnwänden teilen. Dieses Medium eignet sich besonders für die Bereiche Mode, Beauty und Living. Allerdings ist die Pflege des Accounts etwas aufwendiger.

Wenn Sie nun für sich entschieden haben, welche sozialen Plattformen für Ihr Unternehmen die richtigen sind, dann ist es wichtig, diese auch zu pflegen. Es empfiehlt sich, auch in kleinen

Unternehmen einen Verantwortlichen für die Betreuung zu benennen. Auf Netzwerken wie Instagram und Pinterest können Sie mehrmals täglich Produkte oder Kampagnenmotive posten, da diese sehr visuell ausgerichtet sind. Facebook und Twitter sind gut für Produktneuheiten, Sonderangebote, Veranstaltungen und gezielte Anzeigen.

Und nun zur zweiten Strategie: Machen Sie Ihren Store »Social Media Ready«. Die Grundvoraussetzung für Ihre Präsenz auf den sozialen Kanälen ist ein ästhetisches Store-Design, das Kunden einlädt, Fotos zu machen und zu veröffentlichen. Kreieren Sie einen Selfie-Moment, bei dem jeder Besucher das Bedürfnis hat, sich mit dem Motiv fotografieren zu lassen. Und zwar ohne, dass Sie die Kunden darauf hinweisen müssen. Dieser Fokuspunkt soll gut zugänglich sein, damit problemlos aus vielen Winkeln Selfies gemacht werden können. Nehmen Sie die Marken-Hashtags in Ihre Displays und in die Beschilderung auf, damit die Bilder auf den Plattformen auch wirklich Ihrem Store zugeordnet werden.

Die Beleuchtung darf nicht zu stark und nicht zu schwach sein. Wenn die Smartphone-Kameras einen Blitz benötigen, dann ist die Beleuchtung höchstwahrscheinlich nicht ausreichend. Faustregel: Hellere Fotos bekommen mehr Likes als dunklere Fotos. Also geben Sie Ihren Kunden, was sie wollen. Dann bekommen auch Sie, was Sie wollen.

CALL TO ACTION

- Überlegen Sie sich, auf welchen Social-Media-Plattformen Sie am besten Ihre Zielgruppe erreichen, und setzen Sie Ihre Energie und Ihr Budget gezielt ein. Seien Sie realistisch und gehen Sie nicht alle Plattformen gleichzeitig an.

- Benennen Sie einen Social-Media-verantwortlichen Mitarbeiter in Ihrem Team.

- Schaffen Sie im Store besser einen atemberaubenden Selfie-Moment anstatt vieler kleiner Selfie-Momente.

- Binden Sie Social Media in die In-Store-Werbung ein.

» E-COMMERCE HAT DEM STATIONÄREN HANDEL GEZEIGT, WIE ES GEHT. NUN MUSS DER STATIONÄRE HANDEL SEINE CHANCEN NUTZEN.«

LINE FRIENDS IST EINE WELTWEITE MARKE VON FIGUREN ODER CHARAKTEREN, DIE URSPRÜNGLICH VON BROWN & FRIENDS KAMEN UND ALS STICKER FÜR LINE ENTWICKELT WURDEN. LINE IST EINE MOBILE NACHRICHTEN-APP MIT ÜBER 164 MILLIONEN AKTIVEN NUTZERN WELTWEIT. SIE WERDEN IN VERSCHIEDENEN PRODUKTEN, ANIMATIONEN, SPIELEN, CAFÉS, HOTELS UND THEMENPARKS VERWENDET. ES GAB POP-UPS UND STORES IN 14 MÄRKTEN UND STÄDTEN WIE NEW YORK, LOS ANGELES, LONDON, TOKIO, SEOUL UND SHANGHAI. RUND UM DIE LINE-FRIENDS-CHARAKTERE GIBT ES MEHR ALS 6.500 MERCHANDISE-ARTIKEL AUS DEN FELDERN SPIELWAREN, SCHREIBWAREN, BEKLEIDUNG, ACCESSOIRES, KINDERBEKLEIDUNG, REISE, EINRICHTUNG UND VIELEM MEHR. DIE STORES SIND 40 BIS 1.300 QUADRATMETER GROSS. LINE FRIENDS RICHTET SICH PRIMÄR AN KUNDINNEN.

LINE FRIENDS:
SELFIE MIT PLÜSCHRIESEN

Stores und Pop-ups von Line Friends gibt es in einigen der berühmtesten Städte der Welt. Sie liegen an Standorten mit sehr hoher Touristen- und Kundenfrequenz. Optimal, um die Stores nicht nur zum Verkauf der Merchandising-Artikel zu nutzen. Insbesondere eignen sich diese Orte bestens, um Markenaufbau, Markenerlebnis und Markenbekanntheit rund um die niedlichen Charaktere zu stärken.

Im gesamten Store gibt es unzählige Selfie-Momente. Bereits im Eingangsbereich sitzt in jeder Filiale eine riesige braune Plüschfigur, die ungefähr drei Meter groß ist. An jedem ganz normalen Wochentag stehen hier die Kunden Schlange, um anschließend ungestört ein Selfie mit dem jeweilgen Charakter machen zu können. Überall im Store sind menschengroße Figuren verteilt, und der gesamte Verkaufsraum ist auf Foto-Gelegenheiten ausgelegt. Oft werden die Hashtags direkt mit genannt. Schilder mit der Aufschrift »Photos OK!« beseitigen jeden Zweifel: Hier können und sollen die Kunden Fotos machen.

Selbstverständlich gibt es neben diesen Selfie-Momenten auch ein Warensortiment, das eine breite Produktpalette mit Artikeln der beliebten Line-Friends-Charaktere umfasst. Außerdem bieten die Stores noch exklusive Waren, die nur im stationären Handel und nicht im Online-Sortiment verfügbar sind.

Das Kalkül von Line Friends könnte nicht besser aufgehen: In den Stores bleiben wirklich alle Kunden stehen, um ihren Moment mit dem Smartphone festzuhalten. Hier wird gezeigt, wie man mit gut geplanten Selfie-Momenten die sozialen Medien für seinen Brand nutzen kann.

» WAS NICHT AUF DEN SOCIAL NETWORKS GEPOSTET WURDE, HAT MAN AUCH NICHT ERLEBT.«

VICTORIA'S SECRET:
GLÜCKLICHE MARKENBOTSCHAFTER

Zur Einführung der Parfüm-Linie »Tease« hat Victoria's Secret im Bereich Omnichannel-Marketing neue Maßstäbe gesetzt. Die Kundinnen wurden über Instagram aufgefordert, einen Store zu besuchen und gemeinsam mit Ihren Freunden mit einer Flasche des Parfüms zu posieren, um ein Selfie zu machen. Wer das gepostete Bild mit den Hashtags #VSTease und #VSGift auf dem Mobiltelefon einem Store-Mitarbeiter zeigte, erhielt ein Überraschungsgeschenk.

Mit dieser Inszenierung erhöhte Victoria's Secret nicht nur seine Social-Media-Präsenz und sorgte auf Instagram für Begeisterung, man steigerte damit auch die Kundenfrequenz in den Stores. Gleichzeitig war es für die Mitarbeiter eine gute Möglichkeit, um auf unterhaltsame Weise mit ihren Kunden in Kontakt zu treten. Neben der Kommunikation über Instagram wurde in den Stores durch Aufkleber an den Spiegeln auf die Selfie-Kampagne aufmerksam gemacht.

Und was ist nun Victorias Geheimnis? Ganz einfach: Ein Geschenk reicht aus, damit Kunden ein schnelles Foto von sich machen und damit zu Markenbotschaftern werden. Potenzielle Kunden, die ein solches Foto ihrer Freunde sehen, fühlen sich dann möglicherweise dazu inspiriert, ebenfalls einen Store zu besuchen, um dort dasselbe zu tun. Und schon beginnt sich der Marketing-Effekt zu multiplizieren. So einfach kann Social Media funktionieren.

VICTORIA'S SECRET IST EIN AMERIKANISCHES EINZELHANDELSUNTERNEHMEN FÜR DAMENWÄSCHE, DAMENMODE UND SCHÖNHEITSPRODUKTE. DAS UNTERNEHMEN WURDE 1977 IN SAN FRANCISCO, KALIFORNIEN, GEGRÜNDET UND GEHÖRT HEUTE ZUR L BRANDS INC. MIT SITZ IN COLUMBUS, OHIO. VICTORIA'S SECRET IST EINER DER FÜHRENDEN DESSOUS-EINZELHÄNDLER DER VEREINIGTEN STAATEN. WELTWEIT VERFÜGT DAS UNTERNEHMEN ÜBER MEHR ALS 1.100 STORES.

DIE **HENNES & MAURITZ AB** IST EIN SCHWEDISCHES FILIALUNTERNEHMEN, DAS FAST-FASHION-BEKLEIDUNG FÜR FRAUEN, MÄNNER, JUGENDLICHE UND KINDER ANBIETET. DER RETAILER WURDE 1947 IN STOCKHOLM GEGRÜNDET, WO SICH AUCH HEUTE NOCH DIE ZENTRALE BEFINDET. MIT ÜBER 170.000 MITARBEITERN UND RUND 4.500 FILIALEN IN MEHR ALS 60 LÄNDERN IST H&M DER ZWEITGRÖSSTE BEKLEIDUNGSEINZELHÄNDLER DER WELT. DIE KERNZIELGRUPPE DES UNTERNEHMENS SIND MODISCHE UND TRENDIGE VERBRAUCHER.

H&M:
KUNDEN ALS COVER-MODELS

H&M setzt im stationären Handel auf Innovationen in der Kundenbindung. Man will die Kunden für Mode begeistern, ihnen Spaß bieten und das Offline-Erlebnis noch stärker mit dem Online-Erlebnis verknüpfen. Ein großer Schritt in diese Richtung sind die digitalen sprachgesteuerten Spiegel. Ihre Premiere sollten sie an einem der berühmtesten und belebtesten Orte der Welt haben, wenngleich nur für einen begrenzten Zeitraum: am New Yorker Times Square im H&M-Flagship-Store.

Die Spiegel sind im Store verteilt und verfügen über eine spezielle Form der Gesichtserkennung. Sie wird aktiviert, sowie jemand lange genug in Richtung eines Spiegels schaut. Dann ertönt eine weibliche Stimme, die durch das Menü führt. Dabei gibt es keine Touchscreens, keine Schaltflächen und kein Tippen. Das wurde bewusst so gemacht, um Menschen bei der Nutzung dieser fremden Technologie die Hemmungen und die Angst zu nehmen, dabei Fehler machen zu können. Es soll keine Unsicherheit darüber geben, was der Benutzer als nächstes machen muss.

Die Spiegel bieten individuelle Styling-Empfehlungen, einen direkten Link zum E-Commerce, Rabatte über QR-Codes und sie fordern die Kunden auf, Selfies zu machen. Die Stimme zählt dann einen Countdown, damit man sich einen Moment auf den Schnappschuss vorbereiten kann. Doch nicht nur die Technik des »sprechenden Spiegels« ist neuartig und faszinierend. Auch die Fotos bieten ein Erlebnis, das kaum ein Kunde jemals gemacht haben dürfte. Wer in den Spiegel schaut und fotografiert wird, findet sich als Model einer Magazintitelseite auf dem Bildschirm wieder. »Great Cover«, ertönt es begeistert aus dem Spiegel. Und schon kann das Selfie direkt auf das eigene Smartphone übertragen werden, damit nun der wichtigste Schritt für H&M getan werden kann: das Teilen in den sozialen Medien.

Mit der Implementierung der Spiegel wurde das Ziel des Unternehmens erreicht: Offline wird unkompliziert und unterhaltsam mit Online verknüpft. Dabei macht H&M geschickt Werbung auf den sozialen Kanälen seiner Kunden.

APPS IM STORE

Einzelhändler gehen sehr unterschiedlich mit ihren Apps um. Einige versuchen einfach, ihren Online-Shop zu replizieren. Andere nutzen sie in erster Linie für Werbung und wieder andere haben erst gar keine App. Im stationären Handel kommen die digitalen Anwendungen nur bedingt zum Einsatz. Doch es gibt unzählige Möglichkeiten und Chancen dafür, was diese individuell programmierten Software-Applikationen auf den Smartphones Ihrer Kunden alles bieten können – Ihnen und vor allem Ihren Kunden.

Über die Hälfte der Nutzer, die eine Einzelhandels-App verwenden, benutzen diese bei ihrem Einkauf im stationären Handel. Das ist Ihre Chance, das Einkaufserlebnis zu verbessern, eine Kundenbindung aufzubauen und den Verkauf im Geschäft zu steigern. Denn es gibt keinen besseren Zeitpunkt, mit den Kunden in Kontakt zu sein, als wenn sie bereits im Geschäft sind. Das Gute daran: Es muss nur die Software bereitgestellt werden und keine Hardware. Denn diese hat jeder Kunde in seiner Hosentasche – in Form eines Smartphones.

Mithilfe von Apps können produktbezogene Informationen bereitgestellt werden. Das reicht von Preisvergleichen und detaillierten Produktbeschreibungen bis hin zu Produktbewertungen. Gleichzeitig bietet eine App auch die Chance, den Kunden In-Store-Angebote zu machen oder exklusive Aktionen für den Store-Besuch bereitzustellen. Das ist besonders dann interessant, wenn die App die Standorttechnologie des Mobiltelefons nutzt. Basierend auf der Location können individuelle Produkte angeboten werden. Steht der Kunde im Fashion-Store gerade vor der Jeanswand, wird ihm beispielsweise direkt die neueste Jeans-Waschung oder -Passform vorgeschlagen. Und wenn er sofort zugreift, dann gibt es vielleicht noch einen Rabatt.

Die Standorttechnologie kann die App nutzen, um zu einer Art In-Store-Navigationsgerät zu werden. Es führt die Kunden direkt zum gewünschten Produkt: schnell, bequem und ohne Umwege. Insbesondere in größeren Stores ist diese Navigation ein enormer Vorteil für die Kunden.

Die mobile Kaufabwicklung ist ebenfalls ein wichtiger Aspekt einer App, um das In-Store-Erlebnis zu verbessern: Die Kunden können einfach über die App bezahlen. Doch Kunden sind nicht die einzigen, die hier über ein Mobiltelefon verfügen. Gerade zu Stoßzeiten ist es sinnvoll, wenn Verkaufsmitarbeiter mit Smartphones ausgestattet sind und eine Software die Geräte zu mobilen Kassen macht. So können Kunden direkt beim Mitarbeiter auf der Fläche bezahlen, ohne sich an der Kasse anstellen zu müssen.

Mit Apps kann man, genau wie beim Online-Shopping, eine Unmenge an Informationen über Kunden sammeln. Dazu gehören: die Navigation über die App, die ausgewählten Produkte, die getätigten Einkäufe und das Kaufverhalten im Store. All diese Informationen können Unternehmen nutzen, um das Einkaufserlebnis zu optimieren und um Angebote für Kunden zu personalisieren. Denn: Wer seine Kunden versteht, hat den großen Vorteil, ihnen gezielt Produkte anbieten zu können, die mit aller Wahrscheinlichkeit ihr Interesse wecken werden.

Dies sind nur einige Beispiele für die vielen Möglichkeiten, die In-Store Apps bieten. Mit ihrer Hilfe können Sie vor, während und nach dem Store-Besuch mit dem Kunden in Kontakt treten. Sie können sein Einkaufserlebnis effizienter und aufregender gestalten. Wichtig ist dabei immer, dass ihm ein Mehrwert geboten wird. Bei vielen Apps wurden die Potenziale häufig nicht einmal im Ansatz ausgeschöpft.

CALL TO ACTION

- Eine App kann zwei Hauptziele haben: die Kundenfrequenz zu erhöhen oder das In-Store-Erlebnis zu verbessern. Überlegen Sie sich, ob Sie das eine Ziel, das andere oder beide Ziele verfolgen möchten.

- Definieren Sie, was Ihre Kunden am Einkaufserlebnis stört und wie eine App dieses Problem lösen kann.

- Versuchen Sie nicht einfach nur, viele Funktionen anzubieten, sondern konzentrieren Sie sich darauf, was dem Kunden wirklich einen Mehrwert bietet.

DIE DIGITALE NAVIGATION IM STORE: SCHNELL, BEQUEM UND OHNE UMWEGE.«

THE HOME DEPOT:
MEIN PERSONAL ASSISTANT

Die größten Schwachstellen beim Einkauf in einem Baumarkt kennen wir alle: Die gesuchten Artikel sind entweder nicht auffindbar oder nicht verfügbar. Und wenn man einen Mitarbeiter sucht, dann findet man häufig keinen oder dieser ist für eine andere Abteilung zuständig. Dann heißt es nur: Pech gehabt und weitersuchen! Home Depot hat sich genau um diese Schwachstellen in der Kundenerfahrung gekümmert und eine preisgekrönte App dazu entwickelt. Ziel war es, den Kunden auf ihrem Smartphone nützliche Tools anzubieten und ein vernetztes Erlebnis von Online und Offline zu schaffen.

Die App kann man direkt zu Hause nutzen, um über die integrierte Sprachsteuerung die gewünschten Artikel zu suchen. Außerdem lässt sich prüfen, in welchem der nächstgelegenen Stores diese Artikel verfügbar sind. Ist zu Hause etwas defekt und muss ersetzt werden, macht man zunächst einfach ein Foto davon. Über die integrierte Bildsuche wird sofort eine Liste ähnlicher Artikel angezeigt. Nun kann man mit der digitalen Einkaufsliste in den nächsten Store mit der verfügbaren Ware gehen. Oder man nutzt direkt den »Buy Online, Pickup in Store«-Service, der die Ware innerhalb von zwei Stunden bereitstellen lässt. Und das ist alles über die App möglich.

Doch damit nicht genug. Wenn Sie mit Ihrer digitalen Einkaufsliste im Store ankommen, zeigt Ihnen die App exakt, in welchem Gang und in welcher Regaleinheit die gewünschten Artikel präsentiert werden. Mit dem Barcode-Scanner der App erhalten Sie detaillierte Informationen zum Produkt oder Sie können Kundenrezensionen lesen. Sind Sie sich dennoch einmal unsicher, steht Ihnen über den Live-Chat ein Online-Mitarbeiter zur Verfügung, der alle Fragen beantwortet.

Via App werden den Kunden Anleitungen, Ratschläge zu Handwerkerprojekten oder Tipps zur Einrichtung und Dekoration zur Verfügung gestellt. Über eine Augmented-Reality-Funktion kann ein Artikel ausgewählt und optisch in den Scan eines Raumes integriert werden. So lässt sich direkt am Smartphone sehen, ob die Gegenstände optisch zur Einrichtung daheim passen.

Die App funktioniert so, als hätte man seinen persönlichen Baumarktmitarbeiter, der einem jede Frage beantworten kann, an der Seite. Per App gibt es jegliche Auskunft über alle verfügbaren Artikel – 40.000 im Geschäft, mehr als eine Million online. Einfach zu bedienen, löst die Anwendung diverse Kundenprobleme, sie spart Zeit, Geld und vor allem Nerven.

THE HOME DEPOT INC. IST DIE WELTWEIT GRÖSSTE BAUMARKTKETTE UND BESCHÄFTIGT FAST 400.000 MITARBEITER. DAS 1978 GEGRÜNDETE UNTERNEHMEN HAT SEIN HEADQUARTER IN ATLANTA IM US-BUNDESSTAAT GEORGIA. ES VERFÜGT ÜBER MEHR ALS 2.200 STORES IN DEN VEREINIGTEN STAATEN, KANADA UND MEXIKO. DIE DURCHSCHNITTLICHE VERKAUFSFLÄCHE DIESER STORES LIEGT BEI 9.750 QUADRATMETERN, AUF DENEN PRODUKTE FÜR HEIMWERKER UND PROFESSIONELLE BAUUNTERNEHMER ANGEBOTEN WERDEN.

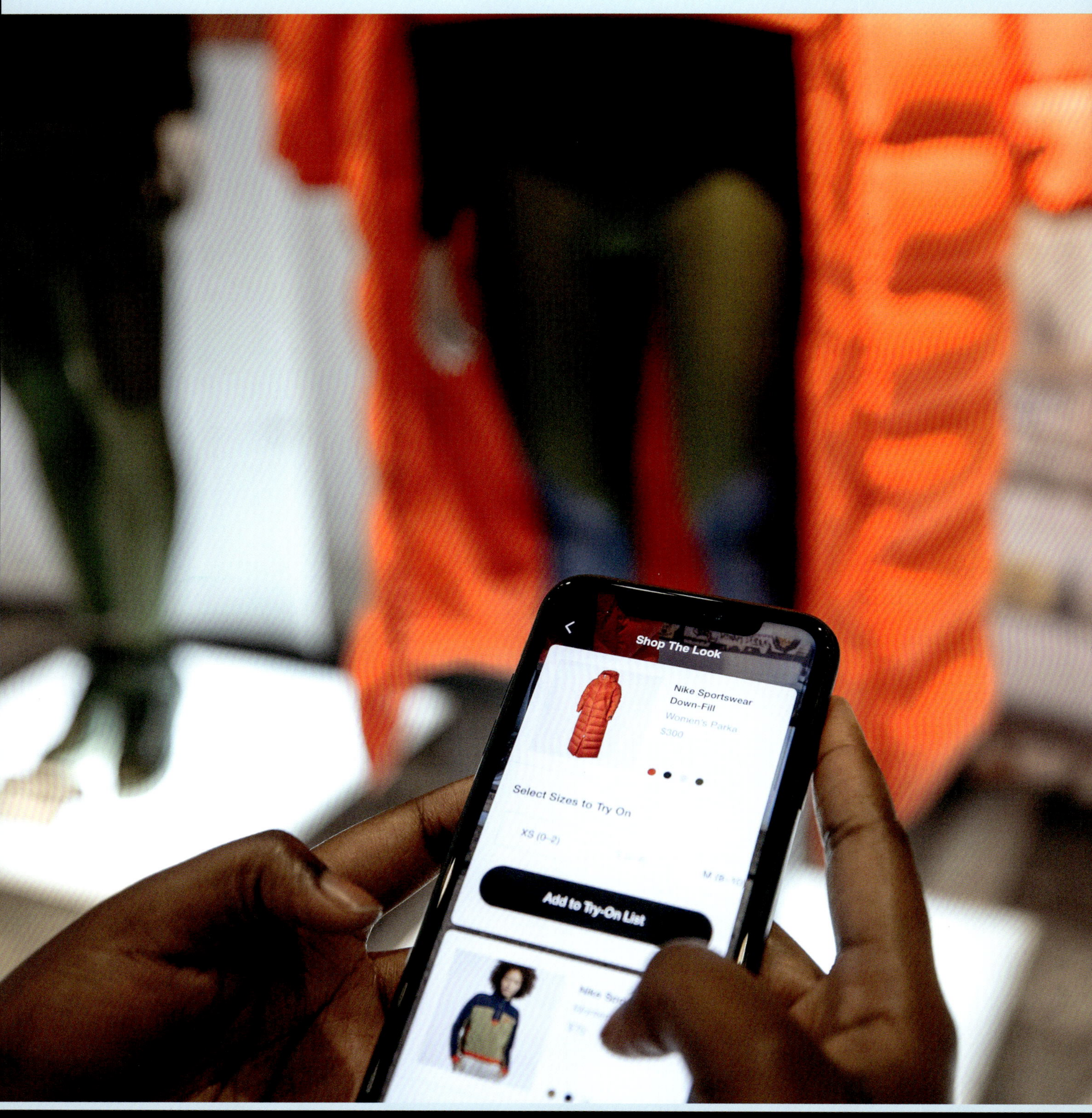

NIKE INC. IST EIN GLOBALES UNTERNEHMEN MIT SEINEM HAUPTSITZ IM GROSSRAUM PORTLAND IM US-BUNDESSTAAT OREGON. DIE 1964 GEGRÜNDETE SPORTS BRAND VERFÜGT WELTWEIT ÜBER KNAPP 1.200 STORES UND WIRD AUF MEHR ALS 30.000 FLÄCHEN BEI RETAIL-PARTNERN VERKAUFT. NIKE BESCHÄFTIGT WELTWEIT ÜBER 70.000 MITARBEITER IN DESIGN, ENTWICKLUNG, HERSTELLUNG UND VERTRIEB VON SCHUHEN, BEKLEIDUNG, EQUIPMENT UND ACCESSOIRES. DIE KERNZIELGRUPPE SIND VERBRAUCHER IM ALTER VON 15 BIS 40 JAHREN.

NIKE:
DER PERFEKTE FLOW

Die Nike-App wurde auf Basis von Kundenbefragungen entwickelt. Nike wollte wissen, was Kunden beim Store-Besuch gefällt und was nicht. Das Ergebnis: Die befragten Kunden möchten in der Lage sein, im Vorfeld zu wissen, ob die gewünschten Sneakers im nächstgelegenen Store verfügbar sind oder nicht. Gleiches gilt im Geschäft: Kunden wollen die Produkte selbst finden und sich selbst bedienen, ohne mit einem Store-Mitarbeiter sprechen zu müssen, wenn sie keine Lust dazu haben. Diese und viele andere Möglichkeiten wurden in die Nike-App integriert, um eine reibungslose und positive In-Store-Erfahrung zu bieten.

Das Einkaufserlebnis beginnt bereits zu Hause, wenn man über die App nach einem bestimmten Artikel sucht und direkt prüfen kann, ob dieser in der richtigen Größe im Store verfügbar ist. Wenn ja, heißt es: einfach reservieren. In weniger als zwei Stunden ist dieser abholbereit. Sobald die Ware in Empfang genommen werden kann, wird man per Push-Benachrichtigung darüber informiert. Man erhält ein Passwort auf sein Smartphone, mit dem sich im Store ein Schließfach mit den gewünschten Artikeln öffnen lässt. So einfach geht das bei Nike.

Um diesen und andere Services nutzen zu können, muss man ein Nike-Mitglied sein. Die Mitgliedschaft ist kostenlos und bietet viele Vorteile. Mit Hilfe der Geolocation-Tagging-Funktion erkennt die App, wann der Kunde im Geschäft ankommt. Daraufhin sendet sie ihm Push-Nachrichten über exklusive Rabatte oder Bonusprogramme.

Im Store entscheidet der Kunde, ob er Selbstbedienung oder einen Beratungsservice wünscht.

In ausgewählten Nike-Stores gibt es auch eine Chat-Funktion, um mit den Store-Mitarbeitern vor Ort zu »schreiben«, anstatt vor Ort mit ihnen zu sprechen. Das wird gerade von jungen Kunden genutzt, die häufig nicht persönlich mit Verkaufsmitarbeitern interagieren wollen.

Mit der Barcode-Scan-Funktion der App können weitere Produktinfos, verfügbare Größen und Farben in Echtzeit abgerufen werden. Über die Online-Verbindung zu den Verkaufsmitarbeitern wird einfach der gewünschte Artikel angefordert und an jeden Punkt im Store gebracht. In einem New Yorker Store können Kunden sogar eine komplette Schaufensterfigur scannen und das gesamte Outfit in der gewünschten Größe in eine Umkleidekabine liefern lassen.

Entscheidet man sich für einen Artikel, ganz gleich ob dieser im Schließfach zur Abholung bereitgestellt oder gerade erst im Store entdeckt wurde, kann dieser direkt mit der Sofort-Checkout-Funktion der App bezahlt werden. Ganz ohne Warteschlangen an den Kassen. Mehr Flow geht kaum.

Die über die App gesammelten Daten und Informationen zum Einkaufsverhalten der Kunden in der Region werden analysiert und den Store-Teams zur Verfügung gestellt. So kann vorhergesagt werden, was sich voraussichtlich gut verkaufen wird.

Nike hat es geschafft, mit dieser App das digitale mit dem physischen Einkaufserlebnis optimal zu verbinden. Das Erfolgsgeheimnis? Das Unternehmen hat seinen Kunden genau zugehört und die Störfaktoren im Einkaufserlebnis eliminiert.

DAS CHINESISCHE SUPERMARKTKONZEPT **7FRESH** GIBT ES SEIT 2018. DIE SUPER-
MÄRKTE SIND DURCHSCHNITTLICH RUND 3.000 BIS 4.000 QUADRATMETER GROSS.
SIE BIETEN ONLINE UND OFFLINE FRISCHE LEBENSMITTEL AN UND KOMBINIEREN IN
IHREM KONZEPT DIE BEREICHE SUPERMARKT, ESSENGEHEN UND LIFESTYLE, INDEM
SIE NICHT NUR FRISCHE UND QUALITATIV WERTIGE PRODUKTE ANBIETEN, SONDERN
AUCH DIE MÖGLICHKEIT EINES ESSENS DIREKT IM SUPERMARKT. ÜBER 70 PROZENT
DER WAREN BEI 7FRESH SIND FRISCHE PRODUKTE. DIE KETTE GEHÖRT ZU JD.COM,
EINEM 1998 GEGRÜNDETEN CHINESISCHEN E-COMMERCE-UNTERNEHMEN MIT
HAUPTSITZ IN BEIJING. JD IST DER GRÖSSTE RETAILER IN CHINA, ONLINE WIE OFFLINE.

7FRESH:
ALLES GEHT MIT DER APP

7Fresh positioniert sich als Lifestyle-Marke, wobei Kundenservice durch die Unterstützung von Technologie und Transparenz der Produkte im Fokus stehen. Aufgrund der Lebensmittelskandale der letzten Jahre haben Menschen in China weitgehend ihr Vertrauen in Lebensmittelanbieter verloren. Um dieses zurückzugewinnen und gleichzeitig gesunde Kaufentscheidungen ihrer Kunden zu unterstützen, setzt 7Fresh darauf, alle Produktinformationen mithilfe der eigenen App in ihren Stores bis ins kleinste Detail offenzulegen.

Wer bei 7Fresh einkaufen möchte, muss sich erst einmal die App herunterladen. Denn damit werden alle Artikel gescannt, die Informationsdisplays aktiviert und auch alle Einkäufe bezahlt. Gleichzeitig werden die so gesammelten Kundendaten zum Einkaufsverhalten genutzt, um über die App personalisierte Produktempfehlungen geben zu können.

Weil die Kunden hier so sensibel im Umgang mit Lebensmitteln sind, findet man in den Märkten auch frische Produkte, wie Obst und Gemüse, verpackt. Auch in diesem Punkt unterscheidet sich 7Fresh von anderen Unternehmen. An dieser Stelle kommt die Technologie wieder ins Spiel. Wenn sich ein Kunde beispielsweise einen der in Folie eingeschweißten Äpfel greift und mit der App auf dem Smartphone den QR-Code scannt, erscheinen auf dem digitalen Display darüber alle Produktinformationen. Das reicht von Inhaltsstoffen über den Herkunftsbetrieb und Zuckergehalt bis hin zu Kundenbewertungen.

Die Preiskennzeichnung erfolgt ebenfalls über die Displays, die mit den Online-Preisen synchronisiert sind und mit einem Klick einfach angepasst werden können. Denn das Channel-übergreifende Konzept sieht vor, dass Kunden bequem von zu Hause aus die Produkte bestellen und sie sich in nur 30 Minuten nach Hause liefern lassen können oder direkt im physischen Store einkaufen. Der Grund: Kunden, die sowohl online als auch offline einkaufen, geben nachweislich mehr Geld aus. Deshalb sind Multichannel-Kunden so beliebt bei Unternehmen. Die Bezahlung erfolgt fast ausschließlich über das Mobiltelefon. Bargeld und Kreditkartenzahlung werden akzeptiert, um auch Kunden von außerhalb, die vielleicht keinen Zugang zu mobilen Zahlungsformen haben, den Einkauf im Store zu ermöglichen.

Über die App stellt 7Fresh für seine Kunden alle Informationen zu seinen Produkten bereit. Und das, ohne den gesamten Store mit Schildern und Informationen zu überfluten.

EINFACHE BEZAHLUNG

E-Commerce, das heißt: Artikel können einfach und schnell gesucht und gefunden werden. Genauso einfach und schnell ist der Bezahlvorgang. Der Online-Kauf wird per Klick, mit dem Fingerabdruck oder durch die Gesichtserkennung in Sekundenschnelle bestätigt und bezahlt. Das steigert die Erwartungen der Kunden an ein schnelles und reibungsloses Einkaufserlebnis. Denn in einer Zeit, in der jeder Konsument alles sofort erhalten kann, haben Kunden immer weniger Geduld für lange Bezahlprozesse. Nicht ohne Folgen für stationäre Einzelhändler: Hier muss man sich anpassen, um den Bezahlvorgang für Kunden bequemer, reibungsloser und vor allem schneller zu gestalten.

Das größte Potenzial zur Zeitersparnis hat jedoch nicht der Bezahlvorgang an der Kasse, sondern die Navigation im Store. Denn realistisch betrachtet ist es doch so: Kunden suchen vor allem nach Produkten, die sie gerade brauchen; das meiste aus dem Gesamtsortiment interessiert sie zu diesem Zeitpunkt nicht. Das bedeutet: Vor der einfachen Bezahlung kommt erst einmal das schnelle Auffinden der gewünschten Produkte. Wenn ein Kunde genau weiß, welche Artikel er haben möchte, dann sollte ihm doch ermöglicht werden, Einkauf und Bezahlung zu einem schnellen Ereignis zu kombinieren. Beispielsweise durch einen gesonderten Bereich in einem Store, in dem die am häufigsten gekauften Artikel des täglichen Bedarfs für Kunden mit wenig Zeit bereitstehen. Am besten kombiniert mit Self-Checkout-Kiosken.

Heute bezahlen die meisten Kunden mit Kreditkarten oder Bezahlfunktionen ihres Smartphones. Da ist es doch sinnvoll, Mitarbeiter mit tragbaren Kassensystemen auszustatten. Dann kann ein Verkaufsmitarbeiter die Kunden von der Begrüßung über die Beratung bis hin zur Bezahlung begleiten. So wie es bereits in vielen Nike- und Apple-Geschäften der Fall ist.

Self-Checkout-Systeme werden immer beliebter. Einfach scannen, kaufen, einpacken und gehen. Es gibt sie mittlerweile bei Einzelhändlern aller Branchen und Preissegmente. So wurde im New Yorker Store der Luxusmarke Rebecca Minkoff ebenfalls ein Self-Checkout-System eingeführt. Da das vielleicht nicht jedermanns Sache ist, kann eine Kombination zweier Varianten die beste Lösung sein: reguläre Kassen für die Kunden, die den persönlichen Kontakt wünschen, und Self-Checkout-Systeme für Kunden in Eile.

Außerdem gibt es diverse Scan & Go-Systeme, die mithilfe einer App des jeweiligen Unternehmens funktionieren. Damit wird das Smartphone zum Scanner, mit dem alle Produkte selbst eingelesen und direkt bezahlt werden. Daneben gibt es noch einige weitere Konzepte. Zum Beispiel Checkout Free, bei dem man sich einfach der Produkte bedient und die Abrechnung automatisch über das Kundenkonto beim Unternehmen erfolgt.

Bei allen Lösungen geht es einzig und allein darum, dem Kunden Zeit zu sparen und es ihm so bequem wie nur möglich zu machen.

EINFACHE
BEZAHLUNG

CALL TO ACTION

- Konzentrieren Sie sich darauf, was dem Kunden beim Bezahlvorgang am meisten helfen wird.

- Überlegen Sie sich genau, welche Bezahllösungen für Ihre Kunden am besten geeignet sind und am ehesten angenommen werden. Denn nicht jede Technologielösung ist auch für jeden Kunden geeignet.

- Fragen Sie sich, ob schnelle Bezahlvorgänge für Ihre Kunden wirklich einen Mehrwert darstellen oder ob die fehlende Interaktion mit Menschen zu einem schlechteren Einkaufserlebnis führt.

LÖSEN SIE MIT IHREM STORE-KONZEPT DAS PROBLEM VIELER KUNDEN: ZEITMANGEL.«

TARGET:

DUAL-SPEED – FIX ODER INSPIRIEREND?

Der Big-Box-Retailer Target hat seine Kunden befragt, um die individuellen Bedürfnisse an den verschiedenen Standorten zu erkennen. Was braucht die jeweilige Nachbarschaft am meisten? Bei dieser Befragung und den aus ihr resultierenden Konzepten steht der Kunde im Mittelpunkt. Eines der individuellen Konzepte, die hieraus hervorgingen, ist das Dual-Design-System, um das Einkaufen einfach und inspirierend zu machen. In Läden quer durch die USA finden sich Lösungen sowohl für Kunden, die es eilig haben, als auch für solche, die gemütlich durch die Gänge schlendern möchten und Anregungen für ihren Einkauf suchen. In manchen dieser Läden mit zwei Eingängen ist der Store so entworfen, dass eine Seite für bequemes und schnelles Shopping ist und die andere für Inspiration und Entdeckungen.

Betritt ein Kunde den »Inspiration«-Eingang, wird er durch das gesamte Geschäft geführt. Und wir sprechen hier, wie bereits erwähnt, von durchschnittlich 12.000 Quadratmetern. Nimmt ein Kunde hingegen den »Ease«-Eingang, erwarten ihn Grab-and-Go-Lebensmittel, Wein, Bier und eine Auswahl von Dingen des täglichen Bedarfs, wie man sie etwa aus Convenience Stores kennt. Es geht hier darum, dem Kunden das Wesentliche zu bieten, damit er den Einkauf schnell und unkompliziert von seiner To-do-Liste streichen kann. Für die schnelle Bezahlung gibt es Self-Checkout-Stationen.

Online-Bestellungen werden direkt über die Website oder das Smartphone bezahlt und innerhalb von einer Stunde bereitgestellt. Diese können dann am Abholschalter im »Ease«-Bereich in Empfang genommen werden. Wer es ganz eilig hat, nutzt den »Drive Up«-Service. Dabei bestellt man seine Ware ebenfalls online. Wenn sie abgeholt werden kann, gibt der Kunde Bescheid, sobald er losfährt, und noch einmal, wenn er auf dem vorgesehenen Parkplatz angekommen ist. Dann kommen die Target-Mitarbeiter heraus, beladen das Auto und man ist schon wieder weg. Schneller geht es wirklich nicht. (Mehr zu diesem spannenden Konzept, das auch »Curbside Pickup« genannt wird, erfahren Sie im Kapitel »Abholung und Umtausch« ab Seite 124.)

Das »Ease«-Konzept löst das Problem vieler Kunden: Zeitmangel. Und die Lösung findet konsequent auf allen Ebenen des Shopping-Prozesses statt.

DIE **TARGET CORPORATION** WURDE 1962 IN MINNEAPOLIS GEGRÜNDET, WO SICH NOCH HEUTE IHR HEADQUARTER BEFINDET. MIT ÜBER 350.000 MITARBEITERN UND MEHR ALS 1.850 STORES IST TARGET DER ACHTGRÖSSTE RETAILER DER USA. DER DISCOUNT-STORE BIETET AUF DURCHSCHNITTLICH 12.000 QUADRATMETERN LEBENSMITTEL, KOSMETIK, KLEIDUNG, HAUSHALTS- UND ELEKTROGERÄTE. DAS DURCHSCHNITTSALTER DER KUNDEN LIEGT BEI 40 JAHREN. IHR JÄHRLICHES HAUSHALTSEINKOMMEN BETRÄGT ZWISCHEN 60.000 UND 70.000 US-DOLLAR.

DIE **MARKS & SPENCER GROUP PLC**, AUCH BEKANNT ALS M&S, IST EIN BRITISCHER EINZELHÄNDLER MIT HAUPTSITZ IN LONDON. DAS 1884 GEGRÜNDETE UNTERNEHMEN BESCHÄFTIGT ÜBER 80.000 MITARBEITER UND HAT MEHR ALS 1.400 STORES WELTWEIT, WOVON ÜBER 1.000 IN GROSSBRITANNIEN SIND. DAS SORTIMENT UMFASST BEKLEIDUNG, KOSMETIK, HAUSHALTSWAREN UND LEBENSMITTEL.

MARKS & SPENCER:

HIGHSPEED-EINKAUF IN DER PAUSE

In der Mittagszeit sind die Warteschlangen der vielen Marks & Spencer-Lebensmittel-Stores am längsten. Um diese Schwachstelle im Kundenerlebnis auszuschalten, hat M&S »Mobile, Pay, Go« auf den Markt gebracht. Wie funktioniert die App und wie löst sie das Problem?

Um diesen Service nutzen zu können, lädt man sich zunächst einmal die M&S-Mobile-App herunter und aktiviert das M&S-Treueprogramm. Bei der Anmeldung werden die Zahlungsoptionen gewählt. Das System akzeptiert Debit- oder Kreditkarten sowie Apple Pay oder Google Pay.

Die App erkennt, wann ein Kunde einen Store betritt und aktiviert automatisch die »Mobile, Pay, Go«-Funktion. Dann wird das Smartphone via Kamera zu einem mobilen Scanner, mit dem man die Barcodes direkt von den Waren oder Regalen scannen kann. Eingelesene Produkte werden sofort dem App-Warenkorb hinzugefügt. Die Bezahlung kann von überall aus im Geschäft durchgeführt werden. Zur Identifizierung verwendet die App den Fingerabdruck oder die Gesichtserkennung. Die Quittung erhält man als QR-Code auf das Smartphone. So einfach, so bequem.

Dieser Service ermöglicht es Kunden, Artikel in weniger als 40 Sekunden zu scannen und zu bezahlen. Die App ist besonders hilfreich in Stores, in denen ein hoher Anteil der Einkäufe während der Mittagszeit gemacht wird. Kunden kommen in ihrer meist zeitlich eng begrenzten Pause – also zu einer Zeit, in der im Store am meisten los ist. »Mobile, Pay, Go« ist somit perfekt für Kunden mit engem Timing.

ALBERT HEIJN BV IST DIE GRÖSSTE NIEDERLÄNDISCHE SUPERMARKTKETTE UND WURDE 1887 GEGRÜNDET. DAS UNTERNEHMEN BESCHÄFTIGT ÜBER 100.000 MITARBEITER UND BETREIBT MEHR ALS 950 STORES IN DEN NIEDERLANDEN UND BELGIEN. DER MUTTERKONZERN VON ALBERT HEIJN IST AHOLD DELHAIZE, EIGENTÜMER VON US-SUPERMARKTKETTEN WIE STOP & SHOP, FOOD LION UND GIANT FOOD STORES. DIE GRÖSSE DER EINZELNEN SUPERMÄRKTE HÄNGT VON DEM JEWEILIGEN FORMAT AB. ALBERT HEIJN HAT KEINE SPEZIFISCHE ZIELGRUPPE UND VERSTEHT SICH ALS SUPERMARKT FÜR ALLE.

ALBERT HEIJN:
TAP TO GO

Wäre es nicht großartig, in einen Supermarkt zu gehen, alles einzupacken, was einem gefällt, und den Store zu verlassen, ohne an der Kasse zu bezahlen – und zwar ganz legal? Bei Albert Heijn in Zaadem ist genau das möglich. Der Store hat nicht eine einzige Kasse und Kunden müssen zur Bezahlung nicht einmal ihr Smartphone aus der Tasche holen.

Kunden melden sich für das Programm »Tap to Go« an und erhalten eine Karte mit Zahlungsfunktion, die direkt mit dem Bankkonto des Kunden verbunden ist. Beim Betreten des Stores gibt es keinen Check-in, sodass man direkt mit dem Einkauf loslegen kann. Wählt man einen Artikel aus, tippt man mit der persönlichen Karte auf das elektronische Regalschild darunter und es leuchtet an den Rändern in grüner Farbe auf. Man entnimmt die Ware und setzt seinen Einkauf fort. Jedes Etikett oder Regalschild zeigt den Preis und den Barcode des jeweiligen Artikels. Nun haben die Kunden noch zehn Minuten Zeit, ihre Entscheidung rückgängig zu machen und den Artikel zurückzulegen. In diesem Fall tippt man das Regalschild erneut an, woraufhin es an den Rändern rot aufleuchtet. Macht man das nicht, ist der Einkauf nach zehn Minuten finalisiert.

Das Konzept ist ideal in Convenience-Stores, in denen es schnell gehen soll. Beispielsweise an Bahnhöfen ist diese Technologie für Kunden optimal. Denn man hat trotz hoher Kundenfrequenz keine Wartezeiten.

In puncto Umsatz hat »Tap to Go« großes Potenzial für Kunden mit impulsivem Kaufverhalten. Ohne Kassen sind Kunden weniger in der Lage, den Versuchungen im Geschäft zu widerstehen. Außerdem hat man nur begrenzte Zeit, seine Entscheidung zu ändern. Die elektronischen Regaletiketten sind mit dem Softwaresystem verbunden und bieten daher die Möglichkeit dynamischer Preise. Genau wie Hotelpreise lassen sie sich entsprechend Angebot und Nachfrage anpassen.

Keine Kassen zu haben bedeutet aber auch, dass diese Fläche für weitere Produkte genutzt werden kann und Personalkosten reduziert werden.

Durch dieses System bekommt Albert Heijn ganz nebenbei auch Zugriff auf detaillierte Daten zum Kaufverhalten seiner Kunden: auf welchen Wegen sie sich über die Fläche bewegen, welche Artikel sie in welcher Reihenfolge einkaufen, welche ihre individuellen Lieblingsprodukte sind und vieles mehr. Diese Informationen können zum einen genutzt werden, um Produktplatzierungen im gesamten Store zu optimieren. Und zum anderen, um dem jeweiligen Kartenbesitzer individuell abgestimmte Produktvorschläge anzubieten.

Das »Tap to Go«-System bietet den Kunden größten Komfort, spart Zeit und hat auch für das Unternehmen viele Vorteile, um den Mitbewerbern online wie offline einige Schritte voraus zu sein.

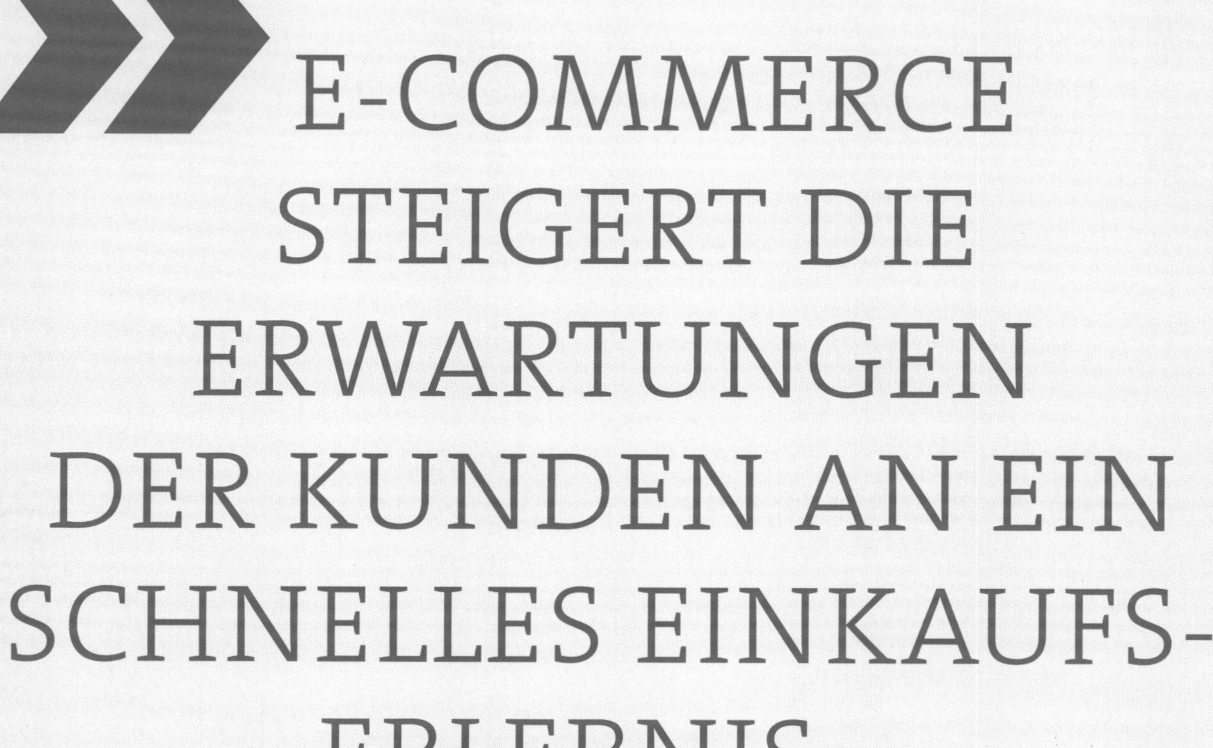

E-COMMERCE STEIGERT DIE ERWARTUNGEN DER KUNDEN AN EIN SCHNELLES EINKAUFS-ERLEBNIS.«

ZARA:
ANPROBIEREN, EINPACKEN, GEHEN

Die Self-Checkout-Stationen sind bereits in Supermärkten stark verbreitet, doch im Fashion-Einzelhandel sieht man sie noch selten. Das ist verwunderlich, denn auch hier haben Kunden den Wunsch nach einem schnellen und bequemen Einkaufserlebnis.

Bei Zara in London ist das bereits möglich. Hier wird der Komfort des Online-Shoppings unter dem Aspekt des Bezahlens auf das In-Store-Erlebnis übertragen. In diesem Store ist es genauso einfach, wie online einzukaufen – mit dem Vorteil, dass die Ware anprobiert und sofort mitgenommen werden kann. Eine Touchscreen-Oberfläche führt durch den schnellen Bezahlvorgang. Das Kleidungsstück wird nicht gescannt, sondern nur in die Nähe der Checkout-Station gehalten, und es erscheinen Produkt und Preis sofort auf dem Display. Dann kann bezahlt und das Sicherheitsetikett entfernt werden. Der gesamte Prozess geht also ungewöhnlich schnell und reibungslos.

Beim Anprobieren nehmen wir uns oft alle Zeit der Welt. Doch wenn es um die Bezahlung geht, kann es nicht schnell genug sein. Für Kunden ist diese Form des Service also perfekt, denn die Wartezeiten an den Kassen entfallen damit.

ZARA SA IST EIN SPANISCHER FAST-FASHION-RETAILER, DER ZU EINEM DER WELTWEIT GRÖSSTEN BEKLEIDUNGSEINZELHÄNDLER, DER INDITEX-GRUPPE, GEHÖRT. DAS 1975 GEGRÜNDETE UNTERNEHMEN VERFÜGT ÜBER 2.250 STORES IN KNAPP 100 MÄRKTEN. ES IST BEKANNT FÜR SEINE ÄUSSERST REAKTIONSSCHNELLE LIEFERKETTE. NACHDEM DIE PRODUKTE ENTWORFEN WURDEN, BRAUCHEN SIE NUR ZEHN BIS FÜNFZEHN TAGE, UM IN DIE STORES ZU GELANGEN. MIT SEINEM SORTIMENT AUS DAMEN-, HERREN- UND KINDERBEKLEIDUNG RICHTET SICH DAS UNTERNEHMEN AN FRAUEN UND MÄNNER, DIE SEHR INTERESSIERT AN DEN NEUESTEN MODETRENDS SIND.

AMAZON IST DAS WELTWEIT GRÖSSTE E-COMMERCE-UNTERNEHMEN UND HAT SEINEN HAUPTSITZ IM US-AMERIKANISCHEN BUNDESSTAAT WASHINGTON. ES WURDE 1994 GEGRÜNDET UND BESCHÄFTIGT HEUTE RUND 650.000 MITARBEITER. DER ERSTE AMAZON-GO-STORE WURDE 2018 IN SEATTLE DER ÖFFENTLICHKEIT ZUGÄNGLICH GEMACHT. SEIT OKTOBER 2019 GIBT ES AKTUELL RUND 16 DIESER STORES IN DEN USA. DIE DURCHSCHNITTLICH 170 QUADRATMETER GROSSEN FLÄCHEN BIETEN ALLE MÖGLICHEN ARTIKEL: VON VORGEFERTIGTEN SANDWICHES, SALATEN, SNACKS UND GETRÄNKEN BIS HIN ZU GRUNDLEBENSMITTELN UND TRADITIONELLEN FERTIGGERICHTEN. MIT DIESEM KONZEPT IST AMAZON GO EINE BEQUEME MÖGLICHKEIT, SCHNELL UND EINFACH GUTE LEBENSMITTEL EINZUKAUFEN.

AMAZON GO:
SHOPPING MIT AI-KAMERA

Das Geschäft Amazon Go selbst ist wie ein normaler Convenience-Store. Aber die Technologie ist bisher einzigartig. Hier werden Artikel nicht gescannt und es gibt keine Kassen. Man kommt, nimmt sich die Ware und geht wieder. So einfach funktioniert das – es wird deshalb von Amazon als »Just Walk Out Technology« bezeichnet.

Kunden laden sich die Amazon-Go-App herunter und verknüpfen sie mit ihrem Amazon-Konto. Mit geöffneter App hält man das Smartphone beim Betreten des Stores auf einen Scanner im Eingangsbereich. Dann wandert das Handy zurück in die Tasche und schon kann man mit dem Einkauf loslegen.

Nun packt man alles, was man kaufen möchte, in die mitgebrachten oder bereitgestellten Taschen. Die »Just Walk Out Technology« verfolgt genau, was die Kunden aus den Regalen nehmen, und fügt jeden Artikel – wie auf der Amazon-Website – einem virtuellen Einkaufswagen hinzu. Und legt ein Kunde einen Artikel wieder zurück, wird er automatisch von der App auch aus dem virtuellen Warenkorb entfernt. Beim Verlassen generiert das System eine Quittung, die über die App abrufbar ist.

Was steckt dahinter? Die Technologie, die diese Vorgänge ermöglicht, ist eine Kombination aus Computer-Vision, Sensordatenfusion und Deep Learning.

Diese Art von Technologie wird auch in selbstfahrenden Autos eingesetzt. Es ist eine unglaublich präzise Technologie erforderlich, um das Konzept Amazon Go umsetzen zu können. Denn es wird selbstverständlich sichergestellt, dass Kunden nur das bezahlen, was sie auch wirklich mitnehmen – und umgekehrt.

Egal, wie eilig es ein Kunde hat: Dieser Einkauf geht immer. In kürzester Zeit kann der Store betreten, die Taschen gepackt und der Laden wieder verlassen werden. Zu keinem Zeitpunkt der Einkaufserfahrung gibt es Wartezeiten für den Kunden. Zudem bietet dieses System das derzeit wohl größte Maß an Bequemlichkeit.

Für den Amazon-Go-Kunden wird die Einzelhandelserfahrung neu definiert. Und für Amazon ist dies ein weiteres Testfeld, um noch mehr über das Kundenverhalten im stationären Handel zu erfahren. Neben den Standardinformationen zu den Kunden selbst sind zu jedem angebotenen Produkt wirklich alle Daten vorhanden. Wie oft wird ein Produkt angefasst und wie oft zurückgelegt? Wie lange braucht der Kunde, bis er es zurücklegt? Für welches Produkt entscheidet er sich alternativ? Die Liste der Fragen – und Antworten – könnte noch unendlich fortgesetzt werden. Dieses Wissen kann Amazon auch im Offline-Handel einen großen Vorsprung einräumen.

ABHOLUNG UND UMTAUSCH

Hohe Versandkosten bei Online-Bestellungen machen Unternehmen zu schaffen. Denn heute erwarten Kunden einfach, dass die bestellte Ware kostenlos geliefert wird und auch kostenlos zurückgeschickt werden kann. Um konkurrenzfähig zu bleiben, müssen sich Unternehmen zwangsläufig darauf einlassen. Verfügt ein Unternehmen aber über viele Standorte im stationären Handel, kann das ein großer Vorteil sein. Denn: In diesem Fall sind Ausgabe und Rücknahme von Online-Bestellungen vor Ort eine hervorragende Möglichkeit, um hohe Versandkosten einzusparen.

Außerdem bringt es Kunden den Vorteil, dass die Ware oft innerhalb einer Stunde zur Abholung bereitsteht und man nicht auf die Lieferung nach Haus warten müssen. Wenn uns am 23. Dezember plötzlich einfällt, dass Weihnachten vor der Tür steht, wird es höchste Zeit für die Last-Minute-Weihnachtseinkäufe. Für eine termingerechte Anlieferung ist es bei den meisten Online-Diensten dann schon zu spät. Doch bei der Online-Bestellung mit Abholung im Store bleibt sogar noch genug Zeit, um die Geschenke in aller Ruhe zu verpacken.

Nicht zu unterschätzen ist auch ein weiterer Vorteil, den der stationäre Handel in diesen Situationen hat. Ist der Kunde schon mal zur Abholung oder Rückgabe der Ware im Store, wird er eventuell weitere Einkäufe machen. In jedem Fall erhöht sich so die Kundenfrequenz, und das bedeutet immer eine größere Chance, weitere Umsätze zu generieren.

Eine weitere Strategie ist »Buy Online, Send to Store«. Funktioniert im Grunde genauso, nur dass die Ware nicht aus dem Lagerbestand der Filiale entnommen wird, sondern in den Store geschickt wird.

Bei einigen Unternehmen erfolgt die Abholung der bestellten Ware über einen gesonderten Schalter. Doch hierbei gibt es einen Risikofaktor für ein positives Kundenerlebnis: Manchmal wollen viele Kunden zeitgleich ihre Ware, sodass es zu Wartezeiten kommt. Und genau das ist ein wichtiger Faktor, den Online-Kunden umgehen wollen. Deshalb wurden in vielen Stores Abholschließfächer oder automatisierte Abholsysteme eingeführt. Sobald der Kunde im Store ankommt, scannt er am Automaten einfach den Bestellcode seines Auftrags. Schon öffnet sich ein Fach, aus dem er seine Ware entnehmen kann.

Viele Unternehmen gehen inzwischen sogar noch einen Schritt weiter. Sie bieten ihren Kunden das »Curbside Pickup« an, will heißen: das Abholen an der Bordsteinkante. Die Ware wird direkt ans parkende Auto vor dem Geschäft gebracht. Das funktioniert genauso wie »Buy Online, Pickup in Store« – mit einem Unterschied: Per Klick auf sein Smartphone signalisiert man, dass man zu diesem Zeitpunkt losfährt; über einen weiteren Klick, dass man vor dem Store angekommen ist. Dann eilen direkt die Verkaufsmitarbeiter zum Curbside-Pickup-Parkplatz und beladen das Fahrzeug mit den gekauften Artikeln.

Viele Online-Käufer bestellen häufig mit der Absicht, zumindest einen Teil der Bestellung zurückzugeben. Wenn Stores nun versuchen, die Online-Retouren zusätzlich zu denen der Stores mit unveränderten Prozessen zu bewerkstelligen, dann klappt das in der Regel nicht. Die Folge: Wartezeiten für Kunden verlängern sich und bringen definitiv kein positives Einkaufserlebnis. Aber mit einer unkomplizierten und schnellen Rücknahme von Artikeln können Einzelhändler treue Kunden gewinnen. Auch in diesem Fall gibt es – genau wie beim Abholservice – automatisierte Rückgabestationen. Diese funktionieren ähnlich und bieten den Komfort und die Schnelligkeit, die sich nicht nur Online-Kunden wünschen.

ABHOLUNG UND UMTAUSCH

Man könnte meinen, dass es eine smarte Idee sei, die Abhol- und Rückgabeschalter in den hinteren Bereich eines Stores zu verlagern. Denn damit führt man die Kunden ja an vielen Waren vorbei und erhöht so seine Absatzchancen. Das ist jedoch definitiv die falsche Strategie. Die meisten Online-Kunden wählen die digitale Variante des Einkaufs, um Zeit zu sparen. Muss man für den Umtausch und die Rückgabe seiner Einkäufe erst lange Wege zurücklegen, sind die Retailer gegenüber dem Online-Handel also im Nachteil.

Ein weiterer Einwand gegen diese Strategie: Wer sagt denn, dass es wirklich den Tatsachen entspricht, dass Abhol- und Rückgabeschalter direkt am Eingang die Chance auf Zusatzverkäufe verringern?

Wenn Unternehmen den Service von Abholung und Umtausch anbieten, kann das viele Vorteile für die Kunden und das Unternehmen bieten. Unter einer Voraussetzung: Es muss richtig gemacht werden.

CALL TO ACTION

- Klären Sie, wie Sie eine schnelle und unkomplizierte Abholung und Rückgabe ermöglichen können.

- Passen Sie Ihre Prozesse an, damit die bestellte Ware in kürzester Zeit vom Lager zur Abholstation und von da zum Kunden kommt.

- Stellen Sie einen bestimmten Bereich zur Abholung und Rückgabe an einem leicht erreichbaren und erkennenden Punkt in Eingangsnähe bereit.

NORDSTROM INC. IST EINE AMERIKANISCHE LUXUSKAUFHAUSKETTE MIT HAUPTSITZ IN SEATTLE IM US- BUNDESSTAAT WASHINGTON. DAS 1901 GEGRÜNDETE UNTERNEHMEN BESCHÄFTIGT ÜBER 70.000 MITARBEITER UND HAT KNAPP 400 STORES IN DEN USA UND KANADA. NORDSTROM FÜHRT BEKLEIDUNG, ACCESSOIRES, SCHUHE, KOSMETIKA UND DÜFTE. IN AUSGEWÄHLTEN GESCHÄFTEN GIBT ES AUCH ABTEILUNGEN FÜR HOCHZEITS- BEKLEIDUNG UND EINRICHTUNGSGEGENSTÄNDE.

NORDSTROM:
SERVICE-HUB IM VIERTEL

Stellen Sie sich vor, dass Ihr beliebtester Fashion-Store über keinen Warenbestand verfügt und trotzdem viel mehr zu bieten hat als jeder andere Store. Dann handelt es sich mit höchster Wahrscheinlichkeit um Nordstrom Local: ein sogenannter Service-Hub in der Nachbarschaft. Hier können Online-Bestellungen abgeholt oder zurückgegeben werden. Es gibt einen Personal-Styling-Service, eine Änderungsschneiderei, einen Reinigungsservice, eine Nagelpflege und vieles mehr. Damit möchte man ein Teil der lokalen Community werden. Ein Ort, an dem Kunden auf dem Weg von der Arbeit nach Hause noch kurz vorbeikommen, um beispielsweise ihre Online-Bestellung abzuholen oder die Ware sogar direkt anzuprobieren.

Um die Serviceleistungen exakt auf den speziellen Bedarf jeder Nachbarschaft abzustimmen, muss Nordstrom seine Kunden in den einzelnen Stadtteilen gut kennen. Es geht darum zu verstehen, was sie möchten und welche Serviceleistungen es in ihrer Community vielleicht noch nicht gibt. Eines haben jedenfalls alle Nordstrom-Local-Stores gemeinsam: Es gibt entweder keinen Lagerbestand oder nur eine überschaubare Auswahl von Artikeln. Aber es gibt an allen Standorten diverse Pickup- und Return-Services.

»Buy Online, Pickup in Store« ist ein fester Bestandteil von Nordstrom Local. Es geht ganz einfach: Online einen Artikel auswählen, »Shop Your Store« anklicken und einen Nordstrom Local auswählen. Die Ware kann noch am selben Tag abgeholt und die Kunden per Mail informiert werden.

Wer für all dies keine Zeit hat, der nutzt das »Curbside Pickup«: die Abholung am Bordstein, also die Lieferung direkt zum eigenen Auto. Wenn Sie losfahren, einfach »On My Way« anklicken. Bei Ankunft im Curbside-Pickup-Bereich vor dem Store halten und auf »I'm Here« klicken. Und schon wird Ihre Bestellung zu Ihrem Auto gebracht.

Mit Retouren geht es genauso schnell und unkompliziert. Jeder Store-Mitarbeiter kann diese problemlos entgegennehmen. Selbst die Rücksendungen anderer Händler werden hier angenommen – egal, wo oder bei wem die Ware online bestellt wurde. Wird vom Anbieter keine kostenlose Rücksendung angeboten, übernimmt Nordstrom Local auch noch die Versandkosten für einen Pauschalbetrag von fünf Dollar. Sobald die Rücksendung auf dem Weg ist, bekommt der Kunde die Sendungsnummer per E-Mail zugesandt.

Mit Nordstrom Local wird das Beste aus Online- und Offline-Shopping zusammengebracht. Die Bequemlichkeit und Schnelligkeit wird mit dem Einkaufserlebnis und persönlichen Kontakt verbunden. Dadurch sehen Kunden Nordstrom nicht mehr als Website oder lokales Geschäft, sondern als Kombination aus beidem.

DIE W**ALMART INC.** IST EIN US-AMERIKANISCHER EINZELHANDELSKONZERN, DER EINE KETTE VON VERBRAUCHERMÄRKTEN, DISCOUNTERN UND LEBENSMITTELGESCHÄFTEN BETREIBT. DAS 1962 GEGRÜNDETE UNTERNEHMEN IST DER GRÖSSTE LEBENSMITTEL-HÄNDLER DER USA UND GLEICHZEITIG DAS UMSATZSTÄRKSTE UNTERNEHMEN DER WELT. WALMART BETREIBT 11.000 GESCHÄFTE IN 27 LÄNDERN, DIE UNTER 55 VERSCHIEDENEN NAMEN BETRIEBEN WERDEN. MIT 2,2 MILLIONEN MITARBEITERN IST DIES DER GRÖSSTE PRIVATE ARBEITGEBER DER WELT. DIE DURCHSCHNITTSGRÖSSE DER STORES BETRÄGT RUND 16.000 QUADRATMETER.

WALMART:
PICKUP-TOWER FÜR XL-EINKÄUFE

Kunden erhalten bei Walmart einen Rabatt, wenn sie ihre Online-Bestellung im nächstgelegenen Store abholen, statt sie zu sich nach Hause liefern zu lassen. Der Versand in die eigenen Stores ist für Walmart weitaus günstiger, als die Ware den Kunden direkt zu senden. Das ist ein smarter Schachzug, um sich einen Vorteil gegenüber anderen Online-Anbietern zu verschaffen. Der Mitbewerber Amazon bietet seinen Kunden zwar Abholschließfächer, aber die sind in ihrer Größe eingeschränkt, während sich Walmart-Kunden selbst ein Fernsehgerät in den »Pickup Tower« liefern lassen können.

Aktuell hat Walmart knapp 1.700 dieser »Pickup Towers« in seinen Stores eingeführt. Sie sind immer zentral am Eingang positioniert, damit es für Kunden beim Abholen der Ware schnell geht. Die Abholstationen sind mit einer Höhe von rund fünf Metern und einer Breite von etwa eineinhalb Metern nicht zu übersehen. Sobald man seinen Online-Einkauf getätigt und den Abholcode auf sein Smartphone geschickt bekommen hat, hält man den Code im Store einfach an den Scanner des Towers. Innerhalb von 10 bis maximal 45 Sekunden erleuchtet und öffnet sich das Ausgabefach im Tower und man kann die bestellten und bereits bezahlten Produkte entnehmen.

Außerdem verfügt Walmart über knapp 2.500 Abholschließfach-Stationen für Lebensmittel. Bis Ende 2020 soll es an über 3.000 Standorten den sogenannten »Curbside Pickup« geben, also die Abholung des Einkaufs an der Bordsteinkante. Hier wird die online bestellte Ware direkt auf den Walmarkt-Parkplatz gebracht und von Mitarbeitern ins Auto geladen.

Eine weitere Herausforderung sind die Retouren. Wann immer man etwas umtauschen möchte, steht man in einer Schlange mit anderen ebenfalls wartenden Kunden, die gerade dasselbe vorhaben. Auch gegen dieses Dilemma hat Walmart ein Konzept entwickelt, das seinen Kunden einen unkomplizierten und reibungslosen Rückgabeservice bietet. Die sogenannten »Mobile Express Returns« sind an knapp 5.000 Standorten verfügbar. Dazu öffnet man einfach die Walmart-App, wählt den gekauften Artikel aus, klickt auf »Mobile Express Returns« und nach ein paar weiteren Klicks erscheint ein Bestätigungscode auf dem Smartphone. Mit diesem geht der Kunde einfach zur »Mobile Express Lane« – einer Einkaufsschlange nur für diesen Service –, scannt den QR-Code und übergibt dem Mitarbeiter die Ware. Die Gutschrift erfolgt bereits am nächsten Tag.

In Sachen Abholung und Rückgabe sind die Walmart-Konzepte wirklich aus Sicht der Kunden entwickelt. Unkompliziert, bequem und schnell – genau was heute erwartet wird.

» EINE ERHÖHUNG DER KUNDEN-FREQUENZ BEDEUTET IMMER EINE CHANCE AUF WEITERE UMSÄTZE.«

KOHL'S:
WACHSEN MIT AMAZON-RETOUREN

Einmal smart um die Ecke gedacht hat man bei Kohl's, wenn es um die Retouren geht. Die Kaufhauskette ist eine Partnerschaft mit Amazon eingegangen und bietet an allen 1.150 Kohl's-Standorten die Rücknahme von Amazon-Paketen an. Hier werden Artikel sogar ohne Box oder Etikett angenommen, ohne Extra-Kosten für den Kunden verpackt und anschließend an eines der Rücknahmezentren von Amazon gesendet. Und warum? Um so zusätzlichen Kundenverkehr in die eigenen Geschäfte zu lenken.

Die Rückgabe funktioniert ganz einfach. Auf dem Amazon-Konto wird die Retoure eines Artikels eingegeben und »Kohl's Dropoff« als Abgabestation ausgewählt. Dem Kunden wird nun die nächstgelegene Kohl's-Filiale vorgeschlagen, in der die Ware abgegeben werden kann. Wer möchte, verpackt sie und druckt das Etikett selbst aus. Wer dazu keine Lust hat, dessen Ware wird trotzdem angenommen. Vor der Tür des Dropoffs befinden sich auch direkt die Amazon-Retouren-Parkplätze. Im Geschäft wird das Etikett für den Kunden gescannt und die Ware entgegengenommen. Außerdem erhält jeder Kunde, der ein Amazon-Paket abgibt, einen Rabattgutschein über 25 Prozent. Die Bequemlichkeit des Kunden wird also auch noch bezahlt.

All diese Konzepte helfen Amazon, die steigenden Kosten für Rücksendungen zu senken. Denn heute erwarten Käufer einfach, dass Retouren kostenfrei sind. Und für Kohl's bedeutet diese Kooperation eine Steigerung der Kundenfrequenz. So wird diese Kooperation für beide Partner zur Win-win-Situation.

KOHL'S CORPORATION IST EIN OMNICHANNEL-RETAILER, DER 1962 GEGRÜNDET WURDE. DAS HEADQUARTER BEFINDET SICH HEUTE IN MENOMONEE FALLS, WISCONSIN. DIE HEUTIGE KETTE UMFASST MEHR ALS 1.150 STANDORTE IN DEN USA UND BESCHÄFTIGT RUND 130.000 MITARBEITER. IN DEN DURCHSCHNITTLICH 7.900 QUADRATMETER GROSSEN STORES WERDEN PRODUKTE DER EIGENEN MARKE SOWIE ANDERE AMERIKANISCHE MARKEN FÜR BEKLEIDUNG, SCHUHE, SCHMUCK, SCHÖNHEITSPRODUKTE UND HAUSHALTSWAREN VERKAUFT. DIE KERNZIELGRUPPE SIND FRAUEN ZWISCHEN 35 UND 55 JAHREN MIT MITTLEREM EINKOMMEN, DIE FÜR DIE GESAMTE FAMILIE EINKAUFEN.

LIEFERUNG

Ganz gleich ob Essen, Lebensmittel, Bücher, Fernseher oder was auch immer – wir können uns alles zu jeder Zeit bestellen und nach Hause liefern lassen. Dabei steigt der Anteil der Einzelhandelsumsätze aus Online-Verkäufen ständig an. Heute verschwimmt die Grenze zwischen digitalem und analogem Einzelhandel so sehr wie nie zuvor. Die Folge: Kunden erwarten zunehmend auch von Einzelhändlern, alles jederzeit geliefert zu bekommen. Der Zustellservice wird auch künftig eine immer wichtigere Rolle spielen. Als Konsequenz müssen Retailer neue und schnelle Lieferstrategien entwickeln, die den On-Demand-Kunden befriedigen und trotzdem bezahlbar sind. Dieser Service dient nicht nur dazu, den Wünschen und der Bequemlichkeit von Kunden gerecht zu werden. Er bietet Unternehmen auch die Chance, sich durch den Service vom Wettbewerb zu unterscheiden.

Einzelhändler können ihre zahlreichen Filialen als Lager für die Lieferung von Online-Einkäufen nutzen. Da E-Commerce-Unternehmen ihre Bestellungen normalerweise von großen Warenhäusern in der Nähe wichtiger Drehkreuze versenden, die nicht unbedingt in der Nähe der Kunden liegen, kann die Lieferzeit manchmal ein paar Tage betragen. Diese Situation kann zu einem Vorteil des stationären Handels führen. Wenn dieser nämlich dank der hohen Flächendichte seiner Stores innerhalb von einem Tag oder vielleicht sogar innerhalb weniger Stunden die Ware liefern kann. Physische Standorte können so ihren Lagerbestand nutzen, um digitale Kunden zu bedienen. Das verkürzt nicht nur die Lieferzeit, es senkt auch die Lieferkosten.

Je mehr geliefert wird, desto größer ist auch die Belastung der Umwelt. Kunden sind sich dessen bewusst. Vor dem Hintergrund der öffentlichen Diskussion über Umweltverträglichkeit wächst die Zahl dieser Kunden seit einigen Jahren besonders schnell und stark. Nachhaltige Lieferoptionen werden daher mittelfristig zu einem entscheidenden Faktor für die Kaufentscheidung. Mit Blick auf diese Situation testen Online- und Offline-Retailer auf der ganzen Welt die unterschiedlichsten Lieferstrategien – von Elektrofahrzeugen bis hin zum Fahrradkurier.

Auch dem Zielort der Lieferungen sind mittlerweile keine Grenzen mehr gesetzt. An Flughäfen wie in Dubai oder Amsterdam gibt es bereits einen Lieferservice, der einem die bestellten Speisen direkt zum Gate bringt. Und Amazon bietet den Besitzern von General-Motors-Fahrzeugen in den USA die Zustellung sogar direkt ins geparkte Auto. Sobald der Lieferant dieses erreicht, sendet er über seinen Amazon-Scanner eine Anfrage, um das Fahrzeug aus der Ferne öffnen zu lassen. Amazon gleicht die Bestellung mit dem hinterlegten Fahrzeug ab, autorisiert die Lieferung und entsperrt das Auto über GMC Connected Services. Das Paket wird hinterlegt, der Lieferant sperrt den Wagen wieder zu und der Kunde erhält eine Zustellbestätigung.

In China lässt ein Luxuseinzelhändler die Ware an seine besten Kunden nur in schön verpackten Paketen von komplett weiß gekleideten Zustellfahrern anliefern, die in einem schwarzen Premiumfahrzeug vorfahren. Das ist ebenfalls eine Möglichkeit, sich durch ein durchgängiges Markenerlebnis von Mitbewerbern abzuheben.

Es gibt noch viele weitere Optionen, die in diesem Zusammenhang getestet werden. Von der Zustellung mit Robotern oder Drohnen bis hin zur Lebensmittellieferung direkt in den eigenen Kühlschrank, während man nicht zu Hause ist. Vieles deutet darauf hin, dass die neuesten Lieferungsformen nicht zeitnah zur Alltäglichkeit werden. Aber ein Blick zurück zeigt, wie selbst sehr gewöhnungsbedürftige Innovationen mit der Zeit selbstverständlich werden können. In den 90er-Jahren mussten sich die Verbraucher auch erst an Online-Kreditkartenzahlungen gewöhnen – trotz aller Vorbehalte. Und diese Variante der Zahlungsabwicklung ist heute ebenfalls eine Selbstverständlichkeit.

Der Lieferservice kann zu einem Unterscheidungsmerkmal zwischen Ihnen und Ihren Mitbewerbern werden. Sei es durch die Schnelligkeit, zusätzliche Leistungen bei der Anlieferung oder durch ein konsequent komfortables Einkaufserlebnis von der Auswahl über den Einkauf bis zur Zustellung beim Kunden zu Hause.

CALL TO ACTION

- Fragen Sie sich, welchen Mehrwert Ihre Kunden durch die Lieferung haben und ob es vielleicht einen besonderen Service gibt, den Sie mit der Zustellung verbinden können.

- Prüfen Sie, ob es unter Ihren Kunden genügend Nachfrage für einen Lieferservice gibt.

- Überlegen Sie sich, ob es geeignete Partner gibt, mit denen Sie diesen Service umsetzen können. Denn Sie müssen ja nicht gleich selbst eine Flotte von eigenen Zustellern haben.

IKEA IST WELTWEIT GRÖSSTER MÖBELHÄNDLER UND WURDE 1943 VON DEM DAMALS 17-JÄHRIGEN INGVAR KAMPRAD IN SCHWEDEN GEGRÜNDET. HEUTE BESCHÄFTIGT DAS UNTERNEHMEN RUND 211.000 MITARBEITER. IKEA ENTWIRFT UND VERKAUFT MONTAGE-FERTIGE MÖBEL, KÜCHENGERÄTE UND HAUSHALTSPRODUKTE IN ÜBER 400 STORES IN MEHR ALS 50 LÄNDERN.

IKEA:
FORMAT FÜR GROSSSTÄDTER

Das Leben von Ikea-Kunden in Großstädten sieht anders aus als in Kleinstädten. Denn die Anforderungen an das Wohnen und Einrichten sind meist unterschiedlich aufgrund der Größe des jeweiligen Wohnraums. In Großstädten brauchen Kunden smarte Lösungen, um alle Wohnbereiche auf kleinstem Raum unterzubringen. Außerdem sind es Großstädter gewohnt, alle Produkte und Serviceleistungen in direkter Umgebung zu haben. Sie müssen beispielsweise zum Möbelkauf nicht die riesigen Läden in großer Entfernung am Rande der Ballungszentren aufsuchen.

Das Konzept des »Ikea Planning Studio« orientiert sich an der Art und Weise, wie in Großstädten bei Ikea eingekauft wird. Die Stores sind bedeutend kleiner als übliche Geschäfte und werden in Zentren von Städten wie London, New York, Los Angeles und Chicago eröffnet. Diese Planungsstudios zeigen smarte Ideen, wie man mit Ikea-Produkten auf kleinem Raum leben kann. Außerdem wird hier eine kostenlose Planungsberatung von Einrichtungsexperten angeboten, die ganz einfach online zu buchen ist.

Kunden müssen sich nicht darum kümmern, wie sie die gekauften Möbel womöglich in der U-Bahn nach Hause bekommen, da alle Produkte ausschließlich geliefert werden. Es gibt Pauschalpreise für unbegrenzte Stückzahlen und die Lieferung erfolgt sogar bis direkt ins Wohnzimmer. Die Zustellung nach Hause ist problemlos, schnell und günstig. Zusätzlich zur Lieferung bietet Ikea noch weitere Serviceleistungen an. So kann beispielsweise die mitunter zeitaufwendige Montage der Produkte gegen eine geringe Gebühr ebenfalls übernommen werden.

Ikea hat keine eigene Fahrzeugflotte und arbeitet stattdessen zusammen mit Versandpartnern wie DHL, UPS und PostNord. Diese liefern die Produkte weltweit mit rund 10.000 Fahrzeugen aus. Der Möbelhändler hat sich dazu verpflichtet, dass alle Lieferungen der Kooperationspartner bis zum Jahr 2025 mit den umweltfreundlicheren Elektrofahrzeugen erfolgen.

Die »Ikea Planning Studios« sind komplett auf den Bedarf der Kunden ausgerichtet. Dabei gehören zum Kernangebot eben nicht nur die Produkte, sondern auch ein auf allen Ebenen bequemer Service. Ein Service, der die Planung, Lieferung und Montage der Produkte umfasst.

» KUNDEN ERWARTEN ZUNEHMEND AUCH VON EINZELHÄNDLERN, ALLES JEDERZEIT GELIEFERT ZU BEKOMMEN.«

7-ELEVEN:
DELIVER AND CARE

Convenience-Stores sind in Japan allgegenwärtig. Es sind die Geschäfte in der Nachbarschaft, die Lebensmittel zu günstigen Preisen anbieten. Diese Stores sind insbesondere für Senioren wichtig, da sie diese ohne Transportmittel erreichen können. Und das ist gerade in Japan ein starkes Argument. Hier ist der prozentuale Anteil der ältesten Menschen an der Gesamtbevölkerung besonders hoch. Jeder Vierte ist über 65 Jahre alt. 7-Eleven hat seine Produkte und Dienstleistungen entsprechend an diese Zielgruppe angepasst und bietet in 70 Prozent seiner Stores einen Lieferservice an.

Japanische Convenience-Stores verkaufen eine breite Palette an Lebensmitteln und Artikeln des täglichen Bedarfs und liegen direkt in der Nachbarschaft ihrer Kunden. 7-Eleven liefert neben den Einkäufen auch Mahlzeiten. Das Unternehmen sorgt dafür, dass Senioren salzarme Mahlzeiten wählen können. Um diesen Service nutzen zu können, ist eine Mitgliedschaft bei 7-Meal erforderlich.

Nicht nur online, sondern auch beim Store-Besuch können Kunden neben den Lebensmitteln die Lieferung dieser Mahlzeiten bestellen. In den meisten Fällen bringen Mitarbeiter des örtlichen Stores diese dann direkt nach Hause. Das bietet eine wertvolle Kombination aus praktischer Zustellung und freundlichem Besuch, denn es sind Mitarbeiter, die ihre Stammkunden oft schon seit vielen Jahren kennen. Gerade für Senioren, die allein leben und oft einsam sind, ist es ein gutes Gefühl, wenn ein bekanntes Gesicht sie in ihrem Zuhause aufsucht.

Doch die Lieferung nach Hause ist nur der Anfang. 7-Eleven reagiert auf demografische und andere Veränderungen in der Gesellschaft. Dieser Ansatz reicht soweit, dass Convenience Stores Partnerschaften mit lokalen Behörden eingehen, damit die 7-Eleven-Mitarbeiter bei der täglichen Lieferung auch gleich nach dem Wohlergehen ihrer älteren Kunden schauen. Gibt es Anlass zur Sorge, werden die Behörden informiert, sodass für Hilfe gesorgt werden kann.

7-Eleven hat erkannt: Convenience-Stores sind ein Teil der Community; und sie sind ein Teil der Lösung für Herausforderungen, die mit dem Altern verbunden sind. Die innovativen Serviceleistungen rund um die Lieferungen heben 7-Eleven vom Wettbewerb und Online-Handel ab. Das wirkt sich positiv aufs Geschäft aus.

NACHHALTIGKEIT

Der Einzelhandel steht unter strengerer Beobachtung denn je. Und zwar durch die Kunden. Sie wollen genau wissen, wie ein Unternehmen zu Nachhaltigkeits- und Umweltfragen steht. Wer hat die Ware wo und unter welchen Bedingungen gefertigt? Welche Maßnahmen trifft ein Unternehmen, um seine Stores nachhaltig zu betreiben? Wenn es um Umweltfreundlichkeit geht, fordern Kunden inzwischen absolute Transparenz. Und sie beeinflusst zunehmend die Kaufentscheidungen. Papier von Plastikabfall zu trennen und im gesamten Store umweltfreundliche LED-Beleuchtung einzusetzen, ist gut. Aber es reicht bei weitem nicht mehr aus. Kunden erwarten mehr. Viel mehr.

Angefangen beim Store-Design, bei dem regionale nachwachsende Rohstoffe verwendet werden, bis hin zum Energie- und Wasserverbrauch der Geschäfte: Recycling, Wiederverwendung und Abfallvermeidung sind wichtige Themen, die Verbraucher interessieren. Sie wollen nicht nur wissen, wie ein Unternehmen all dies umsetzt. Sie wollen von dem Unternehmen auch erfahren, was sie selbst tun können, um ein nachhaltigeres Leben zu führen.

Doch auch mit der Umweltfreundlichkeit in den Fertigungsprozessen, Lieferketten und am Point of Sale ist es nicht getan. Es sind Strategien gefragt, die den Lebenszyklus der Produkte verlängern, um sie länger zu nutzen, als das heute der Fall ist. Dazu gibt es eine Vielzahl neuer Ansätze: Sie reichen von Miet- und Abomodellen über den Wiederverkauf oder Rückkauf von Waren bis zu deren Aufbereitung.

In diesem Kapitel wird Ihnen gezeigt, wie Sie die Erwartungen der Verbraucher in Bezug auf Nachhaltigkeit erfüllen können. Viele erfolgreiche Beispiele zeigen, wie es geht. Kreativ, innovativ und immer umweltfreundlich.

POINT OF SALE

Nachhaltigkeit im Einzelhandel ist und bleibt ein heißes Thema. Doch warum sollen Einzelhändler überhaupt auf Nachhaltigkeit setzen? Zum einen natürlich aus ethischen Gründen. Denn es wäre ja schön zu wissen, dass auch die Generationen nach uns noch etwas von unserem Planeten haben. Und zum anderen wird es Verbrauchern immer wichtiger, dass Unternehmen nachhaltige Geschäftspraktiken verfolgen. Dies ist für Kunden bereits jetzt ein zentrales Differenzierungsmerkmal von Marken.

Schon im Store-Design oder in der Schaufensterdekoration sollte die Gestaltung mit Blick auf Nachhaltigkeit erfolgen. Ein erster Schritt ist es, Materialien aus nachwachsenden Rohstoffen aus der Region zu verwenden. Es gibt bereits Schaufensterfiguren und Kleiderbügel, die vollständig aus recycelten Materialien gefertigt werden und auch komplett zu recyceln sind. Zudem kann nachhaltiges Design auch Kosten einsparen.

Beim Energieverbrauch geht es gleich weiter. Es gibt Geschäfte, die mit Sonnenkollektoren auf dem Dach ihr eigener Stromversorger sind. Der Einsatz von Fenstern und Oberlichtern reduziert den Bedarf an künstlichem Licht. Das hat nebenher noch den Vorteil, dass natürliches Licht einen positiven Einfluss auf die Zufriedenheit und das Wohlbefinden von Menschen hat. Der Einsatz von energieeffizienter LED-Beleuchtung spart nicht nur Strom, sondern auch Geld.

Verwenden Sie wassersparende Geräte und Sanitäranlagen. Und entwickeln Sie Strategien, die den Wasserbedarf sowohl in der Produktion Ihrer Ware als auch bei den Kunden senken. Ermutigen Sie Kunden zum Beispiel dazu, ihre Kleidung weniger häufig zu waschen. Es gibt auch viele Regionen, in denen Luftverschmutzung ein großes Thema ist und das Einkaufsziel nach der Luftqualität ausgewählt wird. Das mag überraschend klingen, aber denken Sie zum Beispiel an Asien. In einigen Städten Chinas werben Einkaufszentren damit, dass diese über Luftreiniger verfügen. Auf Displays zeigen sie den Luftverschmutzungsgrad an. Auch Hilfe von der Botanik lässt sich nutzen: Bäume und einheimische Pflanzen können in die Außen- und Innenraumgestaltung miteinbezogen werden, um die Luftqualität zu verbessern.

Recycling lässt sich in vielerlei Hinsicht im stationären Handel umsetzen. Damit angefangen, dass Abfallstoffe von Unternehmen wiederaufbereitet werden. Oder durch Abgabestellen für wiederverwertbare Materialien und Kleiderspenden der Kunden. Einige Retailer gehen sogar noch einen Schritt weiter und setzen auf Precycling, also erst gar keinen Abfall entstehen zu lassen. Das kann ein ganzer Store ohne Produktverpackungen sein oder vielleicht auch nur ein plastikfreier Teilbereich.

Wiederverwendung ist ebenfalls eine Strategie, die Einzelhändlern neue Chancen bietet. Beispielsweise durch die Einführung von wiederverwendbaren Tragetaschen oder Produktverpackungen. Beauty-Brands bieten Kunden Rabatte, wenn sie leere Behälter zurückbringen und wieder auffüllen lassen. Das wird bereits erfolgreich bei Parfümflaschen, Cremes und Handwaschmitteln umgesetzt.

Verbraucher möchten Abfall reduzieren, nachfüllen und recyceln, doch sie wissen oft nicht wie. Über die In-Store-Kommunikation oder in Workshops können Einzelhändler ihren Kunden zeigen, wie es geht. Bieten Sie Rabatte für die Rückgabe von recycelfähigen Produkten oder beim Auffüllen von wiederverwendbaren Behältern. Das hilft nicht nur der Umwelt, sondern es bringt Ihnen auch eine höhere Kundenfrequenz und mehr Kundenvertrauen. Denn Verbrauchern gibt es ein gutes Gefühl zu wissen, dass ein Unternehmen nicht nur an Profit, sondern auch an die Umwelt denkt.

POINT OF SALE

CALL TO ACTION

- Verwenden Sie für Ihr Store-Design und die Fenstergestaltung wiederverwertbare Materialien und nachwachsende Rohstoffe aus Ihrer Region.

- Finden Sie Möglichkeiten, um sowohl den Energie- als auch den Wasserverbrauch zu senken; versuchen Sie, in allen Unternehmensbereichen Abfall zu vermeiden, zu recyceln und Dinge wiederzuverwenden.

- Zeigen Sie Ihren Kunden durch die In-Store-Kommunikation und in Workshops, wie man nachhaltig leben kann; kommunizieren Sie Ihr nachhaltiges Verhalten im Store, auf Ihrer Website und in den sozialen Medien.

- Entwickeln Sie ein Kundenbindungsprogramm, das umweltfreundliches Einkaufsverhalten belohnt.

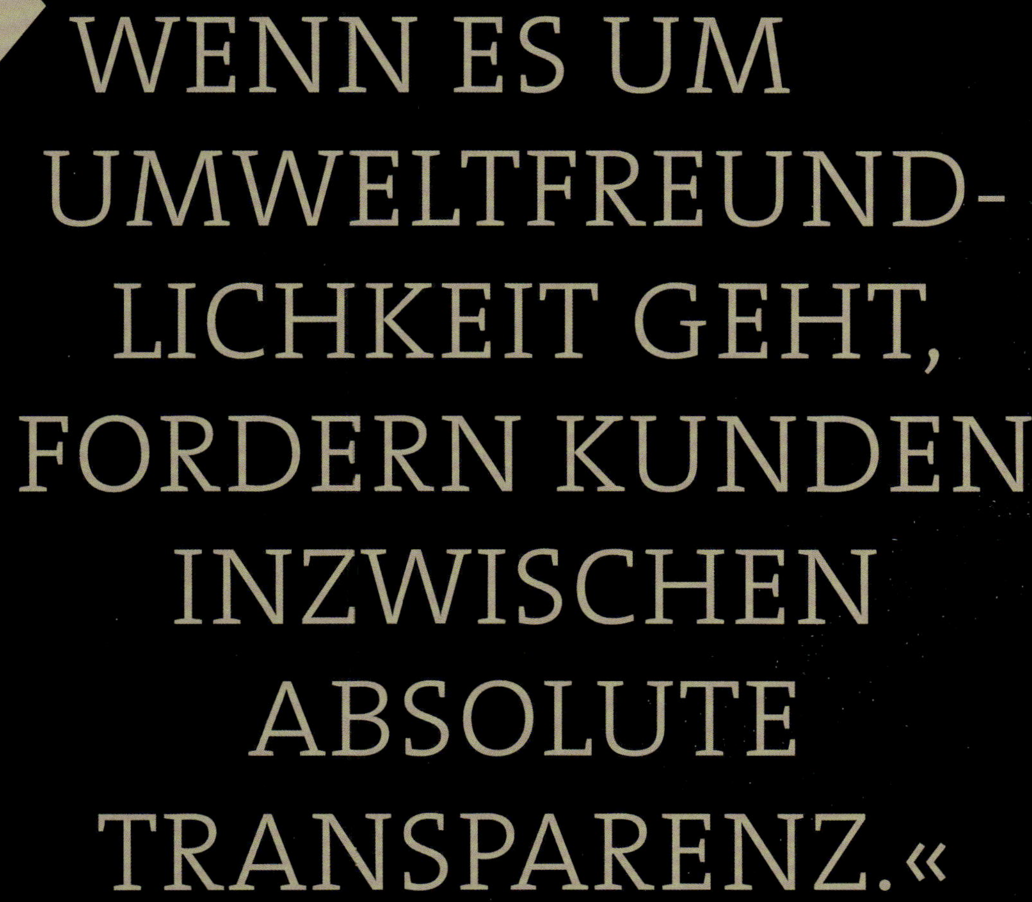

»WENN ES UM UMWELTFREUND-LICHKEIT GEHT, FORDERN KUNDEN INZWISCHEN ABSOLUTE TRANSPARENZ.«

BOTTLETOP WURDE 2002 FÜR EINE DESIGNZUSAMMENARBEIT MIT DER BRITISCHEN ACCESSOIRE-MARKE MULBERRY GEGRÜNDET. DAS UNTERNEHMEN KONZENTRIERT SICH AUF DIE VERWENDUNG VON UPCYCLING-MATERIALIEN FÜR NACHHALTIG GEFER-TIGTE LUXUSHANDTASCHEN. DAHER KOMMT AUCH DER FIRMENNAME BOTTLETOP – IM DEUTSCHEN: FLASCHENVERSCHLUSS –, DA DIE ERSTE TASCHENKOLLEKTION AUS EBEN DIESEN GEFERTIGT WURDE. DER KERN DES UNTERNEHMENS IST DIE BOTTLETOP FOUNDATION, DIE JUNGE MENSCHEN IN ÄTHIOPIEN, KENIA, MALAWI, MOSAMBIK, RUANDA, SIMBABWE, BRASILIEN UND IN GROSSBRITANNIEN DURCH GESUNDHEITS-ERZIEHUNGSPROGRAMME UNTERSTÜTZT. AKTUELL BETREIBT DAS UNTERNEHMEN EINEN STORE IN LONDON. BOTTLETOP IST MIT SEINEN PRODUKTEN BEI DIVERSEN MULTILABEL-LUXUSANBIETERN VERTRETEN. DER VERTRIEB WIRD ÜBER DIE EBENFALLS IN LONDON ANSÄSSIGE O&C LTD GESTEUERT.

BOTTLETOP:
STORE-DESIGN AUS DEM 3D-DRUCKER

Die Brand Bottletop steht für nachhaltigen Luxus, ethisches Design, technische Innovation und interkulturelle Zusammenarbeit. Diese Werte und Ausrichtung sind maßgebend für alle Herstellungsprozesse der Kollektionen. Es war selbstverständlich, dass insbesondere der Bottletop-Flagship-Store in der Londoner Regent Street diese Anforderungen konsequent erfüllen sollte. Nachhaltigkeit fängt bei der Kollektion an und setzt sich im Store-Design fort. In diesem Fall heißt Letzteres: ökologisch verantwortliches Bauen durch abfallfreies Design.

Der Innenbereich des Londoner Stores ist über einen Zeitraum von zwei Monaten entstanden. Und zwar bei laufendem Betrieb, damit Kunden das Recycling und die daraus resultierende Entstehung von etwas Neuem live miterleben. Die Wände des Stores bestehen aus einem sich wiederholenden dreidimensionalen Muster. Es ist vor den Augen der Kunden mit einem 3D-druckenden Roboter entstanden und besteht ausschließlich aus recycelten Plastikflaschen. Das Rohmaterial wurde vorher gewaschen, zerkleinert, extrudiert und aufbereitet, um es für das außergewöhnliche Store-Design zu nutzen. Bei Fertigstellung waren 60.000 recycelte Plastikflaschen wiederverwendet.

Die Decke des Stores besteht aus einem Metalldach mit Tausenden von Dosen, die in eine abgehängte 3D-gedruckte Gitterstruktur eingebettet sind. Für den Bodenbelag wurden abgefahrene Fahrradreifen verwendet. So sind wirklich alle Bereiche des Stores ökologisch verantwortlich und abfallfrei gebaut.

Für die begrenzte Zeit der Store-Entstehung konnten Kunden mit dem Roboter interagieren. Außerdem erhielten sie personalisierte Bottletop-Taschenanhänger, die mit dem Kunststoff-Filament bedruckt wurden. Besucher haben so die Nachhaltigkeit und Innovation von Bottletop beim Einkaufen hautnah miterlebt und mehr über den ökologischen Hintergrund der Unternehmensmission erfahren.

IKEA IST WELTWEIT GRÖSSTER MÖBELHÄNDLER UND WURDE 1943 VON DEM DAMALS 17-JÄHRIGEN INGVAR KAMPRAD IN SCHWEDEN GEGRÜNDET. HEUTE BESCHÄFTIGT DAS UNTERNEHMEN RUND 211.000 MITARBEITER. IKEA ENTWIRFT UND VERKAUFT MONTAGEFERTIGE MÖBEL, KÜCHENGERÄTE UND HAUSHALTSPRODUKTE IN ÜBER 400 STORES IN MEHR ALS 50 LÄNDERN.

IKEA:
NACHHALTIGKEITS-REKORD AN DER THEMSE

Nachhaltigkeit ist bei Ikea nicht nur ein Schlagwort, sondern ein fester Bestandteil der Unternehmensphilosophie. Mit der Eröffnung des Stores im Londoner Stadtteil Greenwich wurden neue Maßstäbe in Sachen Nachhaltigkeit gesetzt. Und zwar nicht nur in Bezug auf Design und Architektur. Es sollte auch die lokale Community zu einem gesünderen und nachhaltigeren Lebensstil angeregt werden. Ikea Greenwich ist 2019 der offiziell nachhaltigste Store Großbritanniens.

Der gesamte Store besteht vollständig aus nachwachsenden Rohstoffen. 99 Prozent der ungefährlichen Bauabfälle des Standorts wurden recycelt. Der Großteil der Dachfläche ist mit Sonnenkollektoren bestückt, um das Haus mit Strom zu versorgen. Dank durchgängig eingesetztem Glas und Oberlichtern kommt viel Tageslicht hinein. Deshalb ist der Bedarf an Kunstlicht, das ausschließlich auf LED-Beleuchtung beruht, gering. In den Wintermonaten wird der Store mit einem umweltfreundlichen Erdwärmesystem beheizt, und durch die Nutzung von Regenwasser ist nur die Hälfte des sonst üblichen Wasserverbrauchs notwendig.

Auf dem Dach des Gebäudes befindet sich eine Terrasse mit genügend Platz für bis zu 500 Personen. Sie verfügt über einen Dachgarten mit speziell ausgewählten Pflanzen, die in besonderem Maße die Luft reinigen. Neben diesem für Kunden und Mitarbeiter zugänglichen Bereich gibt es auch weitere flexibel nutzbare Räume, beispielsweise für Yoga- oder Meditationskurse sowie diverse Workshops.

Bei Ikea Greenwich gibt es auch eine Vielzahl von Kursen, um Verbraucher darüber zu informieren, wie sie ein nachhaltigeres Leben führen können. Und zwar ohne es komplett auf den Kopf stellen zu müssen. In den Workshops geben Experten Ihr Wissen darüber weiter, wie man zum Beispiel Abfall reduziert, Möbel repariert oder umgestaltet, Textilien wiederverwertet und vieles mehr.

Was liegt beim Thema Nachhaltigkeit näher, als an die junge Generation zu denken? Deshalb arbeitet Ikea Greenwich eng mit lokalen Schulen zusammen. So kann Fachwissen über Wachstum, Ernährung und Energieeinsparung an Kinder weitergegeben werden. Hier lernen sie, sich auf das zu beschränken, was sie wirklich benötigen – sei es an Lebensmitteln, Wasser oder Energie. Außerdem unterstützt Ikea durch die Förderung eines nahe gelegenen Ökologieparks die Tierwelt in der Nachbarschaft. Und es geht noch mehr: Der Standort des Stores ist so gewählt, dass ihn Kunden problemlos und umweltfreundlich mit dem Fahrrad, zu Fuß und sogar per Boot erreichen können. Vor dem Gebäude gibt es zahlreiche Fahrradstellplätze.

Mit Energiesparen, Recycling und Upcycling ist Ikea Greenwich nicht nur ein Vorbild für die lokale Community, sondern für den stationären Handel in der ganzen Welt. Mehr Nachhaltigkeit geht kaum.

ORIGINAL UNVERPACKT:
SELBSTABFÜLLEN IM SUPERMARKT

Heute sind nahezu alle Dinge des täglichen Bedarfs von der Zahnpasta bis zum Müsli verpackt. Manchmal verfügen sie sogar noch über eine weitere Verpackung in der Verpackung. Würden wir alle auf den Verpackungsmüll unserer Alltagsprodukte verzichten, dann hätte dieser kleine Schritt bereits riesengroße Auswirkungen. Und genau das ist das Konzept von Original Unverpackt. Im gesamten Store gibt es keine einzige Verpackung. Stattdessen stehen alle Produkte in großen Spendern zum Abfüllen bereit.

Wer etwas kaufen möchte, bringt von zu Hause Behälter oder Flaschen mit, die immer wieder benutzt werden können. Dann lässt man die mitgebrachten Gefäße wiegen, woraufhin ein kleiner Aufkleber mit der jeweiligen Gewichtsangabe daran befestigt wird. Wer selbst auf den Aufkleber verzichten möchte, erwirbt die wiederverwendbaren Original-Unverpackt-Behälter, die bei künftigen Einkäufen eben nicht gewogen werden müssen. Dann geht's los. Es werden genau die Mengen abgefüllt, die man benötigt – ganz gleich, wie viel oder wie wenig das ist. An der Kasse werden die mitgebrachten Gefäße gewogen, das Gewicht von der Angabe des Aufklebers abgezogen und die abgefüllte Ware bezahlt. Alles wird nach Gewicht abgerechnet. Und da die Verbraucher die Verpackungen sonst mitbezahlen, sind hier die Produkte sogar meist noch günstiger.

Original Unverpackt ist in der gesamten Lieferkette plastikfrei und beim Papier wird immer versucht, den Materialabfall so gering wie möglich zu halten. Warenlieferungen kommen in erster Linie von lokalen Bio-Unternehmen, um unnötige Umweltbelastungen zu vermeiden. Da die Waren keine Verpackungen haben, gibt es auch kein Branding, also kein Logo, keine Bilder und keine typischen Markenfarben. So ungewohnt das sein mag, den Kunden macht es nichts aus.

Außerdem gibt es einen Online-Shop für Non-Food-Produkte. Es wird kein Kunststoff für den Lieferservice verwendet, und die Lösung für dessen Verpackungen heißt Upcycling, also die Wiederverwendung der Kartons.

Alle Unternehmensentscheidungen werden bei Original Unverpackt immer unter Berücksichtigung der Nachhaltigkeit getroffen. Hier möchte man der Öffentlichkeit vermitteln, dass es eigentlich doch ganz einfach ist, Abfall zu reduzieren und nachhaltig zu leben. Und genau diese Erfahrung gibt das Team im täglichen Geschäft an seine Kunden weiter.

DIE BIOMARKTKETTE **EKOPLAZA** WURDE 1999 GEGRÜNDET UND HAT IHREN HAUPTSITZ IN VEGHEL IN DEN NIEDERLANDEN. DAS UNTERNEHMEN VERFÜGT ÜBER MEHR ALS 80 SUPERMÄRKTE IN DEN NIEDERLANDEN, BELGIEN UND LUXEMBURG.

EKOPLAZA:
PLASTIC-FREE-AISLE

Kunststoffabfällen gilt eine tiefe und wachsende Besorgnis in der Bevölkerung weltweit. Endlich sind selbst die Politiker alarmiert. Natürlich zu Recht, denn Plastikmüll verursacht enorme Schäden in Ozeanen und ist eine Gefahr für die Nahrungskette. Doch kommen Mikroplastik und giftige Plastikzusätze nicht nur über die Meere und Fische »auf unsere Teller«, sondern selbst über Insekten und Vögel. Mit anderen Worten: Das Plastik ist in uns. Nun macht der Lebensmitteleinzelhandel einen enorm großen Anteil der weltweit genutzten Kunststoffverpackungen aus. Daher hat Ekoplaza 2018 ein Konzept ins Leben gerufen, das es Kunden erleichtert, ihren Kunststoff-Fußabdruck zu reduzieren. Das Unternehmen eröffnete den weltweit ersten Supermarktgang ohne Plastik: den sogenannten »Plastic-Free-Aisle«.

Hier werden rund 700 Produkte des täglichen Bedarfs angeboten. Sie reichen von Reis, Milch, Schokolade, Joghurt, Obst und Gemüse bis hin zu Saucen, Fleisch und vielem mehr. Alles wird in Glas, Metall, Pappe oder Biofilm angeboten. Biofilm ist pflanzlich und kann kompostiert werden. Er wird aus Zellulose, Holzpulpe, Algen, Gras, Maisstärke, Garnelenschalen und Ähnlichem hergestellt.

Die Idee von deutlich reduzierten Abfällen im Lebensmitteleinzelhandel ist nicht neu. Es gibt mittlerweile zahlreiche Zero-Waste-Stores, in denen Waren in die von Kunden mitgebrachten Behälter abgefüllt werden. Der große Unterschied zwischen diesem System und dem plastikfreien Gang ist, dass Ekoplaza mit seinem Konzept dem normalen Einkaufsverhalten der Verbraucher näher kommt. Hier müssen keine Gefäße mitgebracht und keine Waren abgefüllt und gewogen werden. Es ist somit ein wesentlich einfacherer Schritt in der Umgewöhnung hin zum abfallreduzierten Einkaufen.

Ekoplaza hat es als Lebensmittelkette geschafft, seine Strategie der Nachhaltigkeit über ein Filialkonzept von Supermärkten zu multiplizieren.

INTERVIEW

IRW GERMANY:

MANNEQUINS WITH SUSTAINABILITY IN THEIR HEARTS

IRW GERMANY GMBH IST EIN IN OBERHAUSEN ANSÄSSIGES UNTERNEHMEN, DAS SICH IN DER BRANCHE UNTER DEM NAMEN IDW GMBH DUISBURG-TORONTO EINEN NAMEN GEMACHT HAT. SEIT 2001 STEHT ES FÜR INDIVIDUELLE UND KREATIVE STOREKONZEPTE UND BIETET SEINEN KUNDEN NACHHALTIGE MANNEQUINS AUS EUROPÄISCHER PRODUKTION. NUN ERFOLGTEN EIN STANDORTWECHSEL UND DIE UMFIRMIERUNG; DIE MANNEQUINS WERDEN WEITERHIN BEIM LITAUISCHEN PARTNER IDW IN VILNIUS GEFERTIGT UND DURCH IRW VERTRIEBEN. WIR WOLLTEN WISSEN, WAS DIE HINTERGRÜNDE DAFÜR SIND – UND HABEN OLIVER OPITZ, EINEN DER GESCHÄFTSFÜHRER, BEFRAGT.

Aus IDW GmbH Duisburg-Toronto wird IRW Germany GmbH. Was hat es damit auf sich?

Nach über 18 Jahren und einem Geschäftsführerwechsel gehen wir nun mit einem neuen Standort und einem neuen Namen den nächsten Schritt unserer strategischen Neuausrichtung. Wir konzentrieren uns auf unsere Stärken Shopfitting, Mannequins und Design, um uns mit unseren Partnern IDW und Metawood am internationalen Markt zu positionieren und unsere Kunden weiterhin vollumfänglich und ganzheitlich zu betreuen. Die hochwertigen und nachhaltigen Mannequins werden weiterhin unter der Marke IDW in Litauen gefertigt, und wir werden die Figuren weiterhin exklusiv vertreiben. Die Kompetenz von IRW liegt aber nicht nur im Bereich Mannequins, sondern auch im Bereich Shopfitting und Design. Seit 2003 arbeiten wir mit international renommierten Brands zusammen und entwickeln, produzieren und montieren Shop-in-Shop-Lösungen und Stores. Mit der Umfirmierung zu IRW – International Retail Works – möchten wir deutlicher herausstellen, dass wir für unsere Kunden sowohl der Profi für Mannequins als auch für Shopfitting sind. Kurz gesagt: Wir bringen Shopfitting, Mannequins und Design zusammen!

Sie sprechen von nachhaltigen Mannequins: Was verstehen Sie unter nachhaltigen Produkten und einer nachhaltigen Produktion? Und was tun Sie, um das Ziel eines nachhaltigen Mannequins sicherzustellen?

IDW stellt seit 1997 in Vilnius, Litauen, recycelbare Mannequins her und war eines der Unternehmen, das bei dieser revolutionären Herstellungsmethode Pionierarbeit geleistet hat. IDW hat schon immer einen anderen Ansatz verfolgt. Der Herstellungsprozess mithilfe eines Blasformverfahrens ist sauberer und schneller als die Herstellung mit Glasfaser. Unser Ansatz, den wir für branchenführend halten, hat sich im Laufe der letzten Jahre kontinuierlich weiterentwickelt. IDW arbeitet eng mit seinen Lieferanten zusammen, um einen besseren und einen nachhaltigeren Herstellungsprozess betreiben zu können. Wo immer möglich, werden Materialien lokal bezogen, und sämtliche Produktionsschritte erfolgen inhouse unter einem Dach. Das trägt dazu bei, den CO_2-Fußabdruck zu reduzieren, da wir den

Transport auf ein Minimum beschränken können. Außerdem verwenden wir nahezu ausschließlich Lacke auf Wasserbasis. Vor kurzem wurden wir von einigen Kunden gebeten, die Beschaffung von umweltfreundlichen Verchromungen zu prüfen. Wir haben dann tatsächlich einen Lieferanten in Europa gefunden, der als einziger ein zertifiziertes umweltfreundliches Verchromungsverfahren anwendet, das in der Massenproduktion von Chromteilen für die Automobilindustrie eingesetzt wird. Wir sind der Meinung, dass Nachhaltigkeit einen 360-Grad-Prozess beinhalten sollte, der sicherstellt, dass wir überall dort, wo wir Materialien aus der Umwelt entnehmen, diese ersetzen.

Was können wir uns unter einem 360-Grad-Prozess vorstellen?

Was wir unseren Kunden anbieten, ist ein ehrliches nachhaltiges Mannequin. IDW-Mannequins sind daher nicht nur in der Produktion so nachhaltig wie möglich, sondern auch zu 100 Prozent recycelbar. Unsere Kollegen in Vilnius arbeiten momentan an einem Netzwerk von Recyclingfirmen in Europa, den USA und Asien, die alte und beschädigte Mannequins sammeln und vollständig recyceln können. Der Recyclingprozess beginnt mit der Entfernung aller Metallteile und der Lackierung, sodass das Grundmaterial Polystyren (auch als Polystyrol bekannt) wieder zerkleinert werden kann. Der daraus gewonnene Rohstoff kann – nun in Pelletform – erneut in verschiedenen Industrien wie beispielsweise Bau, Freizeit und Luftfahrt eingesetzt werden. Unsere Mannequins erhalten somit in Form eines anderen Produktes ein neues Leben und müssen nicht entsorgt werden.

IDW-Mannequins bestehen also aus Polystyren – und die von anderen Herstellern?

Genau, IDW-Mannequins bestehen zu 60 Prozent aus hochwertigem Polystyren und zu 40 Prozent bereits aus recyceltem Material. IDW arbeitet eng mit den Chemieunternehmen BASF und INEOS Styrolution zusammen, welche die Produktion mit dem Polystyren beliefern. Es hat die positive Eigenschaft, dass es zu 100 Prozent recycelbar ist. Das recycelte Material wiederum, das zum Einsatz kommt, wird aus Abfällen gewonnen, die während des Herstellungsprozesses unserer Mannequins anfallen.

Historisch gesehen wurde und wird die Mehrheit der eingesetzten Mannequins immer noch aus Fiberglas hergestellt. Fiberglas hat den Nachteil, dass es nicht recycelbar und sehr schädlich für die Umwelt ist – und auch für die Mitarbeiter in der Produktion. Die meisten Mannequins aus Fiberglas kommen aus China, wo in den letzten drei Jahrzehnten Millionen davon gefertigt wurden. Sicherlich gibt es noch eine Vielzahl von Mannequins, die anteilig mit Bioharz hergestellt werden. Dieser beträgt in der Regel aber nur 30 Prozent und ermöglicht es nicht, das Mannequin zu recyceln. Daher wird IDW auch weiterhin Mannequins mit Polystyren fertigen und gemeinsam mit BASF und INEOS Styrolution an der Weiterentwicklung dieses Materials arbeiten.

Was ist der nächste Schritt in Ihrer Nachhaltigkeitsstrategie?

Das oberste Ziel, das wir und unsere Partner bei IDW verfolgen, ist eine Einsparung von bis zu 95 Prozent unserer CO_2-Emissionen. Wir reduzieren den CO_2-Fußabdruck unserer IDW-Mannequins deutlich und möchten alle unsere Kunden wissen lassen, wie viel fossile Ressourcen und CO_2 durch den Einsatz von IDW-Produkten eingespart wurden. Wir sind der festen Überzeugung, dass IDW in Bezug auf Nachhaltigkeit einer der wichtigsten Innovatoren in der Mannequin-Branche ist. Wir können ehrlich sagen und beweisen, dass unsere »Mannequins with sustainability in their hearts« hergestellt werden.

Mehr Informationen unter **www.irw-germany.de**

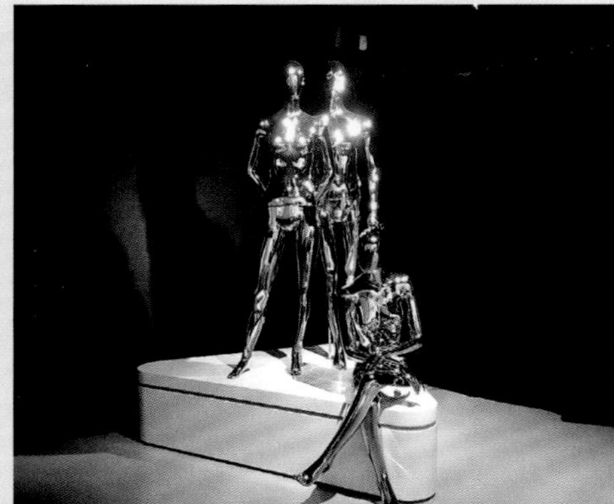

BILD 1: UMWELTFREUNDLICH VERCHROMTE MANNEQUINS

BILD 2: POLYSTYREN IN PELLETFORM

LEIHEN, WIEDERVERKAUF, UMGESTALTUNG

Die Marktentwicklung zu Fast Fashion hat dazu beigetragen, dass die technische Lebensdauer von Bekleidung völlig unverhältnismäßig zu ihrer praktischen Lebensdauer steht. Das heißt: Technisch kann fast jedes Kleidungsstück viel länger getragen werden, als es wirklich getan wird. Gerade jüngere Verbraucher fordern verstärkt nach Strategien, mit denen die aktive Nutzungsdauer von Kleidungsstücken verlängert wird. Die meisten Nachhaltigkeitsbemühungen des Einzelhandels haben sich bisher auf eine umweltfreundliche Produktion und Lieferketten konzentriert. Doch das reicht den Konsumenten nicht mehr. Zum Glück. Vor diesem Hintergrund wurden neue Konzepte entwickelt, die diesen Anforderungen gerecht und von den Kunden sehr positiv angenommen werden.

Abo- oder Mietmodelle gibt es inzwischen für so ziemlich alle Konsumbereiche: von Fahrzeugen oder Möbeln bis hin zu Kleidung oder Accessoires. Und das nicht nur im Luxus- und Premiumsegment, sondern mittlerweile in allen Bereichen. Denn das Mietverhalten der Kunden hat sich verändert. Während man früher nur von der besten Freundin ein Outfit geliehen hat, ist selbst hieraus ein erfolgreiches Business-Modell geworden.

Auch Wiederverkaufsprogramme sind keine Nischenstrategien mehr. Denn der Kundenkreis, der Nachhaltigkeit in seine Kaufentscheidung einbeziehen möchte, wächst stetig. Mit Pop-up-Flächen für Vintage- und Secondhandware können auch etablierte Marken diesen Bereich austesten.

Darin liegt ein großes Potenzial: Richtig umgesetzt, wird auf diese Weise die Kundenfrequenz gesteigert, die Zielgruppe erweitert und hochpreisige Marken können auch Kunden mit geringerer Kaufkraft an die eigene Marke heranführen.

Der Rückkauf der eigenen Ware bietet ebenfalls Vorteile für Sie und für Ihre Kunden. Eine gute Strategie sollte die sinnvolle Weiterverwendung der zurückgegebenen Ware gewährleisten und den teilnehmenden Kunden ein Bonusprogramm anbieten. Wenn Verbraucher ein Kleidungsstück zurückbringen, dann könnten sie zum Beispiel einen Warengutschein erhalten. So ziehen Sie die Kunden nicht nur in Ihren Store, sondern Sie erhöhen auch die Chance, dass diese Kunden mit neuen Einkäufen nach Hause gehen.

Aufbereiten oder Reparieren von Waren sind ebenfalls Themen, mit denen Sie Kunden begeistern können. Workshops oder Veranstaltungen steigern das nachhaltige Image Ihres Unternehmens und sorgen für eine starke Kundenbindung.

Der schnelle Zuwachs von Miet- und Wiederverkaufsmodellen zeigt klar, dass dies eine Strategie mit Zukunft ist. Die Vorteile für die Käufer liegen klar auf der Hand: Es gibt ein besseres Preis-Leistungs-Verhältnis und eröffnet Kunden den Besitz von Markenprodukten, die sie sich sonst vielleicht nicht leisten könnten. Gleichzeitig gibt es einen wachsenden Wunsch nach einem nachhaltigeren Umgang mit den Produkten durch Verlängerung ihrer Nutzungsdauer.

LEIHEN, WIEDERVERKAUF, UMGESTALTUNG

CALL TO ACTION

- Überlegen Sie sich, welche der folgenden Möglichkeiten für Ihre Kunden einen Vorteil darstellen und auch mit hoher Wahrscheinlichkeit genutzt werden: Vermietung, Wiederverkauf, Rückkauf oder Aufbereitung Ihrer Produkte.

- Wenn Sie eine oder mehrere dieser Möglichkeiten gewählt haben, dann definieren Sie, wie der Ablauf für so ein Konzept aussehen soll, um ihn in Ihre Unternehmensprozesse zu integrieren.

- Verlieren Sie dabei nicht den Nachhaltigkeitsgedanken aus den Augen. Stellen Sie sicher, dass dieser ein wichtiger Punkt in der Außenkommunikation Ihrer Strategie ist.

BA&SH IST EINE FRANZÖSISCHE PREMIUM-MODEMARKE, DIE BEKLEIDUNG, TASCHEN, ACCESSOIRES UND SCHUHE ZU ERSCHWINGLICHEN PREISEN VERKAUFT. DAS HEAD-QUARTER DES 2003 GEGRÜNDETEN UNTERNEHMENS IST IN PARIS. AKTUELL GIBT ES ÜBER 200 EIGENE STORES. DIE MEHRZAHL DIESER STORES BEFINDET SICH IN FRANK-REICH. AUSSERDEM WERDEN DIE KOLLEKTIONEN INTERNATIONAL IN PREMIUM-KAUF-HÄUSERN UND IM INTERNET VERTRIEBEN. ZIELGRUPPE SIND FRAUEN JEDEN ALTERS, DIE SICH FEMININ UND BEQUEM KLEIDEN MÖCHTEN.

BA&SH:
FREIE AUSWAHL IM DREAM CLOSET

»The Dream Closet« ist ein Experiment, bei dem Ba&sh-Kundinnen sich im New-Yorker-Store nach Lust und Laune aus einem »Traumkleiderschrank« bedienen können. Das ist fast so, als würde man sich von der besten Freundin ein Outfit für das Wochenende ausleihen. Nur, dass die Auswahl hier viel, viel größer und meist auch luxuriöser ist.

Das »The Dream Closet«-Konzept passt hervorragend zum modernen Lifestyle der New-Yorkerinnen, für die eine »Sharing Economy« immer wichtiger wird. Damit ist das Ausleihen oder Mieten von Bekleidung und anderem gemeint, anstatt immer gleich alles besitzen zu müssen.

Sicher liegt die Popularität der Leihkultur auch an der wachsenden Auseinandersetzung mit einem nachhaltigen Lebensstil. Denn dazu gehören eben Produkte aus allen Bereichen, von Einrichtung über Elektroroller bis hin zu Bekleidung, die gemeinsam mit anderen Menschen genutzt werden.

Im Ba&sh-Store im New Yorker Stadtteil SoHo läuft das so ab: Jeden Freitag zur Happy Hour können Kundinnen die Stücke zu besonderen Anlässen kostenlos ausleihen, sofern sie bis Montag um 19 Uhr zurückgegeben werden. Man hinterlässt zur Sicherheit einfach seine Kreditkartennummer, wobei die Kreditkarte gar nicht belastet wird. Bisher klappt das hervorragend: Alle Kleidungsstücke werden in einwandfreiem Zustand zurückgegeben.

Durch die kostenlose Bereitstellung der Kleidung können Kunden die Marke leichter entdecken. So wurden erfolgreich jüngere Shopper an die Marke herangeführt. Und manch ein ausleihender Kunde ist dank »The Dream Closet« zum kaufenden Kunden geworden.

AMERICAN EAGLE OUTFITTERS, INC. IST EIN AMERIKANISCHES FILIALUNTERNEHMEN FÜR LIFESTYLE-BEKLEIDUNG UND -ACCESSOIRES MIT HAUPTSITZ IN PITTSBURGH IN PENNSYLVANIA. DAS 1977 GEGRÜNDETE UNTERNEHMEN BESCHÄFTIGT RUND 40.000 MITARBEITER UND VERFÜGT ÜBER MEHR ALS 1.200 WELTWEIT. IN DEN DURCHSCHNITTLICH 500 QUADRATMETER GROSSEN STORES WERDEN MODISCHE BEKLEIDUNG, ACCESSOIRES UND PFLEGEPRODUKTE FÜR EINE AUF WEIBLICHE UND MÄNNLICHE STUDENTEN AUSGERICHTETE ZIELGRUPPE ANGEBOTEN. DAS DURCHSCHNITTLICHE ALTER DER KUNDINNEN UND KUNDEN LIEGT ZWISCHEN 15 UND 25 JAHREN.

AMERICAN EAGLE OUTFITTERS:
MIET-ABO FÜR OUTFITS

Kunden haben ihr Verbraucherverhalten verändert. Mieten und Wiederverkauf sind zu einem großen Modetrend geworden, da insbesondere jüngere Kunden nach neuen Konsummodellen suchen und dazu gehören eben auch nachhaltige Einkaufsmöglichkeiten. American Eagle befriedigt genau dieses Kundenbedürfnis mit dem Mietmodell »American Eagle Style Drop«: ein Mietabonnement für Bekleidung. Für 49,95 Dollar im Monat können Kunden drei Artikel gleichzeitig mieten und diese beliebig oft umtauschen. Wenn Kunden einen dieser Artikel behalten möchten, erhalten sie sogar einen Rabatt. Versandkosten und Reinigung sind im Monatspreis inkludiert. Offenbar ein attraktives Gesamtpaket, denn das Modell wird begeistert angenommen.

Und auch in Sachen Wiederverkauf setzt American Eagle auf eine besondere Strategie. Man ist eine Partnerschaft mit der angesagten Wiederverkaufsmarke Urban Necessities eingegangen. Das aus Las Vegas stammende Unternehmen hat sich auf den Wiederverkauf von angesagten Sneakers spezialisiert. Und genau die ergänzen nun das American-Eagle-Sortiment. Die Kollektion umfasst Sneakers, die für Preise zwischen 150 bis 50.000 Dollar verkauft werden. Da finden sich zum Beispiel selbstschnürende Nike-Schuhe, wie man sie aus dem Film »Zurück in die Zukunft« kennt.

Im New Yorker Viertel SoHo wurde auf einer Fläche von 175 Quadratmetern ein Pop-up eröffnet. Die Kombination aus trendigen Denims und coolen Sneakers passt hervorragend. Insbesondere, weil die Artikel nicht miteinander konkurrieren, sondern sich ergänzen. Auch wenn die Preiskategorien beider Unternehmen nicht dieselben sind, so sind die Marken dennoch nicht allzu weit voneinander entfernt. Denn vier von zehn Urban-Necessities-Kunden tragen American-Eagle-Produkte.

Es sind weitere Standorte für diese neue Partnerschaft geplant. Sie ist so vielversprechend, dass American Eagle sich sogar am Sneaker-Resale-Händler Urban Necessities beteiligt hat. Dies ermöglicht es American Eagle, seinen Kundenkreis stetig zu erweitern und die Frequenz in den eigenen Stores zu erhöhen.

» DER KUNDEN-
KREIS, DER NACH-
HALTIGKEIT IN SEINE
KAUFENTSCHEIDUNG
EINBEZIEHEN
MÖCHTE, WÄCHST
STETIG. «

REI:
USED GEAR SWAP – TAUSCHBÖRSE DER OUTDOOR-FANS

Nachhaltigkeit ist ein Bestandteil der Unternehmensstrategie von REI. In der Konsequenz hat der Fachhändler für Outdoor-Ausrüstungen seine Verkaufsprogramme für Leih- und Gebrauchtgeräte sowie seine Tauschoptionen erweitert. Angefangen bei Tauschbörsen in den eigenen Stores, wurde die Nachhaltigkeitsinitiative weiter ausgebaut. Denn Vermietung und Wiederverkauf schonen nicht nur den Geldbeutel. Sie tragen auch dazu bei, Produkte vor einem frühzeitigen Ende auf den Mülldeponien zu bewahren. Und das wiederum ist ein großer Schritt in Richtung Wandel zur Kreislaufwirtschaft.

Mit dem anhaltenden Engagement für Nachhaltigkeit finden in REI-Stores regelmäßig die »Used Gear Swaps«, sogenannte Tausch- und Kaufbörsen, statt. Hier können Mitglieder ihre ausrangierten und gut erhaltenen Outdoor-Ausrüstungen an den Mann oder an die Frau bringen. Die Veranstaltungen sind für REI-Mitglieder kostenlos. Die lebenslange Mitgliedschaft bekommt man für einmalig 20 Dollar. Hier gibt es alles, was das Herz von Outdoor-Freunden begehrt – von Fahrrädern, Skiern, Booten, Zelten, Rucksäcken bis hin zu Taschenlampen. Wer beim »Used Gear Swap« nicht live und analog dabei sein kann, der kauft eben online die gebrauchten Ausrüstungen. »Re-Commerce« heißt dieses Konzept. REI hat sogar eine eigene Website für den Wiederverkauf gebrauchter Produkte zu erschwinglichen Preisen eingerichtet.

Die Vermietung von Ausrüstungen ist eine weitere Nachhaltigkeitsinitiative des Unternehmens. Am Großteil der REI-Standorte gibt es einen Vermietungsservice. Hier können Schneeschuhe, Ski, Snowboards sowie voll ausgestattete Camping- und Rucksackausrüstungen gemietet werden.

Ganz gleich ob Wiederverkauf oder Vermietung – es ist ein gutes und nachhaltiges Geschäft. Und REI hat gezeigt, dass es auch ein erfolgreiches sein kann.

DIE **RECREATIONAL EQUIPMENT, INC.**, ALLGEMEIN BEKANNT ALS REI, IST EIN AMERIKANISCHES OUTDOOR-EINZELHANDELSUNTERNEHMEN. 1938 GEGRÜNDET, HAT ES HEUTE SEINEN HAUPTSITZ IN KENT IM BUNDESSTAAT WASHINGTON. IN ÜBER 150 STORES WERDEN DEN KUNDEN SPORTARTIKEL, CAMPING- UND REISEAUSRÜSTUNG SOWIE BEKLEIDUNG ANGEBOTEN. DIENSTLEISTUNGEN WIE REISEN UND KURSE RUND UM DAS THEMA OUTDOOR KOMPLETTIEREN DAS ANGEBOT. AKTUELL SIND MEHR ALS 13.000 MITARBEITER FÜR DAS UNTERNEHMEN TÄTIG. DIE ZIELGRUPPE VON REI SIND MÄNNER UND FRAUEN, VOM GELEGENTLICHEN OUTDOOR-FAN BIS ZUM ERFAHRENEN ABENTEURER.

EILEEN FISHER IST EINE AMERIKANISCHE MODEDESIGNERIN UND GRÜNDERIN DES GLEICHNAMIGEN EINZELHANDELSUNTERNEHMEN **EILEEN FISHER INC.** 1986, ZWEI JAHRE NACH DER GRÜNDUNG DER FIRMA, ERÖFFNETE SIE IHREN ERSTEN STORE IN MANHATTAN, NEW YORK. HEUTE SIND IHRE KOLLEKTIONEN, ACCESSOIRES UND SCHUHE IN KNAPP 62 STORES, RUND 1.000 KAUFHÄUSERN UND FACHGESCHÄFTEN INTERNATIO-NAL VERTRETEN. DAS UNTERNEHMEN BESCHÄFTIGT ÜBER 1.200 MITARBEITER. EILEEN FISHERS PRIMÄRE ZIELGRUPPE SIND FRAUEN IM ALTER VON 35 BIS 55 JAHREN.

EILEEN FISHER:
TESTGELÄNDE FÜR UPCYCLING

»Renew« heißt die innovative Strategie von Eileen Fisher. Ihre Mission: Das Unternehmen selbst soll Nachhaltigkeit vormachen und Kunden damit zu einem umweltverträglicheren Lebensstil inspirieren. Und das gelingt der Modemarke immer wieder mit ambitionierten Initiativen.

Schon vor Jahren wurde das »Renew«-Konzept entwickelt, um den Lebenszyklus der Kleidungsstücke zu verlängern. Das Konzept sieht vor, dass die Ware so lange getragen wird, wie sie einem gefällt, dann wird sie an jemand anderen weitergegeben. Das funktioniert so: Bringt ein Kunde ein Eileen-Fisher-Kleidungsstück in einen Store zurück, erhält er dafür einen Fünf-Dollar-Gutschein, der in allen Stores eingelöst werden kann. Von da aus wird alles an eines der zwei Recycling-Zentren in Seattle, Washington oder Irvington, New York, gesendet. Dort wird die Ware auf Verschleiß, Flecken und Löcher kontrolliert, da nur die Kleidungsstücke weiterverkauft werden, die sich in perfektem Zustand befinden. Der Rest wird zu Kunstwerken aus Filz weiterverarbeitet. Die Kleidungsstücke, die zum Weiterverkauf selektiert wurden, werden mit einem umweltfreundlichen Verfahren gereinigt und zu erschwinglichen Preisen im eigenen Online-Shop und in ausgewählten Eileen-Fisher-Stores wiederverkauft. Seit 2009 wurden bereits über 1,3 Millionen Kleidungsstücke zurückgenommen, womit ein neuer Nachhaltigkeitsstandard für Einzelhandelsunternehmen gesetzt wurde.

Eileen Fisher's Brooklyn Store ist die neueste Nachhaltigkeitsinnovation der Marke. Auf einer Fläche von 450 Quadratmetern wurde im New Yorker Stadtteil Brooklyn ein Store geschaffen, der die DNA der Modemarke widerspiegelt. Dabei geht es nicht einfach um den Verkauf der aktuellen Kollektion, wobei diese hier durchaus auch ihren Platz hat. Vielmehr geht es darum, die Werte der Marke sichtbar zu machen und die Community für einen nachhaltigen Umgang mit Bekleidung zu sensibilisieren. So ist hier inmitten des vielfältigen und multikulturellen Bezirks ein wahres Testgelände mit exklusiven Kollektionen, Community-Events und vielem mehr entstanden.

Im Innen- und Außenbereich des Stores können Kunden entspannen, handwerklich tätig werden oder an einer der vielen Veranstaltungen teilnehmen. Es gibt öffentliche Werkstätten zum Ausbessern, Nähen und Waschen der Bekleidung, um deren Lebensdauer zu verlängern. Veranstaltungen mit Gastvorträgen und Podiumsdiskussionen ergänzen das Konzept – alles ausgerichtet auf Kunden, die sich für Nachhaltigkeit und die Verlängerung der Lebenszyklen von Kleidungsstücken interessieren.

Die Store-Mitarbeiter sind hier sogenannte »Guides«. Ihre Hauptaufgabe besteht darin, persönliche Beziehungen zu den Kunden aufzubauen und ihnen die Werte des Unternehmens zu vermitteln. Sie geben Tipps und Anregungen, die es jedem ermöglichen, nachhaltiger zu leben. Dass umweltschonende Strategien wie Upcycling mit »Zero Waste« sehr cool und stylish sein können, macht uns Eileen Fisher vor.

» ES GIBT EINE ZEITLOSE ERFOLGS-STRATEGIE: KUNDEN-ZUFRIEDENHEIT.«

SCHLUSSWORT

RETAIL ISN'T DEAD – weder offline und schon gar nicht online. Doch wie sieht die Zukunft aus? Welche Entwicklungen zeichnen sich heute für den stationären Retail von morgen ab?

Die Zeichen deuten darauf hin, dass bald jeder Kunde überall und jederzeit im Store zu lokalisieren sein wird. Das wird es möglich machen, ihm ein komplett personalisiertes Einkaufserlebnis zu bieten. Komfort und Service werden mit Sicherheit weiter ausgebaut. Insbesondere in Bereichen, die wiederkehrend sind und vielleicht keinen Spaß machen: Werden also selbst Lebens- und Reinigungsmittel bald automatisiert eingekauft und zugestellt?

Schnelligkeit und sofortige Verfügbarkeit erfordern einen vernetzten Warenbestand. Nicht nur, dass Ihre Stores und Ihr Online-Shop auf alles zugreifen können, vielleicht wird dies auch jedem Händler und sogar jedem Kunden auf der ganzen Welt möglich sein. Wird es bald keine Kassen mehr geben? Und werden bald nahezu alle Stores zu den sogenannten ›Dritten Orten‹, den Third Places, also zu Plätzen, die neben der Arbeit und dem Zuhause Orte des gemeinsamen Treffens, Entspannens und Erlebens sind?

Einige dieser Szenarien sind bereits Wirklichkeit. Doch woher wissen wir heute schon, was unsere Kunden morgen möchten? Auf welche technologischen Neuerungen sollten wir uns so früh wie möglich vorbereiten, um Lösungen für unsere Retail-Situationen anzuschieben?

Verfolgen Sie Trendentwicklungen und seien Sie offen für Neues. Nicht nur in Intervallen, sondern ständig. Analysieren Sie Informationen und Daten, um fundierte Vorhersagen treffen zu können. Denn Daten werden einer der entscheidendsten, wenn nicht sogar der entscheidendste Erfolgsfaktor für den Handel sein.

Fragen Sie Ihre Kunden: Was gefällt ihnen an Ihrem Store? Und vor allem, was gefällt ihnen nicht? Was fehlt den Kunden? Die Schwachstellen sind Ihre Chance. Entwickeln Sie Strategien, die kreativ, innovativ auf Ihre Kunden und sogar individuell auf jeden einzelnen zugeschnitten sind.

Doch eines sollte Ihnen bei all dem immer bewusst sein: Eine neue Strategie von morgen ist übermorgen schon wieder eine von gestern. Eine zeitlose Erfolgsstrategie gibt es jedoch: Kundenzufriedenheit.

MATTHIAS SPANKE

Geschäftsführer von BIG IDEAS Visual Merchandising Inc, Vereinigte Staaten

Geschäftsführer von BIG IDEAS Visual Merchandising GmbH, Deutschland

Geschäftsführer von BIG CAREERS Retail Recruitment, Deutschland

ANHANG

Matthias Spanke zeigt wieder einmal, dass es sich lohnt, das stationäre Geschäft zu beleben. Auch aufgrund seiner internationalen Expertise ist dieses Buch ein Muss und eine Inspiration für alle, die sich mit Leidenschaft und Kreativität der Fläche widmen.
Barbara Göttgens, Leitung Strategisches Visual Merchandising, Karstadt Warenhaus GmbH

In unserer Zeit der tiefgreifenden Umbrüche ist »Retail Isn't Dead« eine fantastische Lektüre. Einzelhandel als Erfahrung muss einen eigenen Zweck haben, der über »Retailtainment« hinausgeht. Matthias Spanke macht mit dieser Analyse eine Punktlandung.
Hugues Yo, Senior Director International Marketing, Canada Goose Holdings Inc.

Unglaublich relevant für die heutige von tiefen Umbrüchen geprägte Unternehmenslandschaft des Einzelhandels. Eine exzellente Analyse davon, was funktioniert und was nicht, samt umsetzbarer Erfolgsstrategien für eine große Bandbreite von Einzelhandelsfeldern. Ein großartiger Ratgeber für die Erneuerung von Kundenerlebnissen im stationären Einzelhandel des digitalen Zeitalters.
Donald Chesnut, Chief Experience Officer, MasterCard Inc.

Matthias Spanke erfasst mit seiner Analyse die Kernelemente, die den Einzelhandel elementar umgestalten. Der Einzelhandel lebt! Und Spanke eigt, wie sich erfolgreiche Marken heute neu denken, um für Millenium-Kunden relevant zu bleiben.
Martino Pessina, President North America, H & M Hennes & Mauritz AB

Das Buch von Herrn Spanke zeigt noch einmal auf, dass es sich immer lohnt, innovativ zu sein, und welch faszinierende Entwicklungen es gibt. Wir können uns gegenseitig befruchten und Grenzen überwinden!
Bettina Ehsani, Director Visual Merchandising for Europe, C&A Mode GmbH & Co. KG

Matthias Spankes Leidenschaft ist der Einzelhandel, und zwar offline und online. Als Experte für Visual Merchandising steht er Marken weltweit mit Rat und Tat zur Seite. Ich schätze seine Meinung zu aktuellen Entwicklungen im Handel und lasse mich gerne durch seine Bücher und Impulse inspirieren.
Anke Heppner, Head of Visual Merchandising, Parfümerie Douglas GmbH

Bedarfsdeckung war vorgestern. Eine Pflichtlektüre, um zu erfahren, was heute ist und vielleicht morgen kommt. Wem die Umsetzung vom Retailing zum Relating gelingt, der wird weiterhin Leben auf der Fläche haben. Matthias Spanke gibt zahlreiche Anstöße, und es ist an uns Händlern, vom »Call To Action« zum »Bring The Action« zu gelangen.
Jens Wolf, Director Retail Sales, Gebr. Heinemann SE & Co. KG

Der Autor untersucht hochrelevante, innovative Branchen-Trends als Modelle für einen neuen stationären Einzelhandel. An Best-Practice-Beispielen wird eine Vielzahl von smarten und kreativen Möglichkeiten gezeigt, wie sich die vorgestellten Strategien praktisch umsetzen lassen. Dieses Buch von Matthias Spanke ist ein Muss für jeden modernen Einzelhändler.
Irene Yuan, Vice President of Marketing, North America, ba&sh

Matthias Spanke hinterlässt starke Spuren und versteht die Zeichen der Zeit. Auch sein neues Buch ist für uns eine Inspiration, Retail in der Zeit der Digitalisierung zu betreiben.
Beat Gruering, President of the Board of Directors, CEO, Founder, Tally Weijl Trading AG

Eines der inspirierendsten Fachbücher für Einzelhandelsprofis, die ihren Stores in enorm herausfordernden Zeiten einen entscheidenden Vorsprung gegenüber Mitbewerbern verschaffen wollen. Spanke spannt einen facettenreichen Bogen von spannenden Virtual-Reality-Lösungen bis zu konsequenten Nachhaltigkeitskonzepten. Ein Must-Read!
Ulli Eickmann, Chief Sales Officer, Takko Holding GmbH

Matthias Spanke hat es wieder mal auf den Punkt gebracht. Retail lebt! Man muss aber dafür sorgen, dass die Kunden einen spannenden Store betreten und begeistert werden. Seine Erfahrung, Kreativität und die vielen Beispiele vermitteln Inspiration und machen Lust, das Jetzige in Frage zu stellen und dem Morgen mit Zuversicht zu begegnen. Well done!
Wolfgang Krogmann, Advisory Director, Primark Mode Ltd & Co. KG

Ist von dem angeschlagenen stationären Einzelhandel die Rede, hört man meist Verallgemeinerungen, doch Matthias Spanke geht einen entscheidenden Schritt weiter: Er bietet praxiserprobte Rezepte für einen Retail, der auch in Zukunft erfolgreich sein wird – denn »Retail Isn't Dead«.
Markus Ense, Head of Global Strategy B2C, Philip Morris International

Matthias Spanke hat den Kern des heutigen Einzelhandelsgeschäfts meisterhaft getroffen. Von der Entwicklung interaktiver Markenerlebnisse bis zum Erzielen größerer Nachhaltigkeit bietet »Retail Isn't Dead« Rat und Musterbeispiele für eine erfolgreiche In-Store-Umsetzung.
Madeline Baumgartner, Director of Education & Research, Shop! Environments Association

Ich liebe es, wie dieses Buch konkrete Fallstudien und Best-Practice-Beispiele liefert. Es ist wirklich gut geschrieben und bietet tiefe Einblicke in globale Markenstrategien und inspirierende Analysen für den Einzelhandel der Zukunft.
Jon Harari, CEO & Co-Founder, WindowsWear

MATTHIAS SPANKE

Retail- und Visual-Merchandising-Experte Matthias Spanke prägt seit mehr als 25 Jahren das Markenerlebnis führender Einzelhändler auf der ganzen Welt. Seine Expertise umfasst die Entwicklung und Implementierung erfolgreicher Strategien für die In-Store-Markenerlebnisse von mehr als einhundert führenden Unternehmen.

Matthias Spankes Karriere begann in Europa, wo er als Global Head of Visual Merchandising unter anderem für Filialunternehmen wie Tom Tailor, Tchibo und Tally Weijl tätig war. 2009 wechselte er als Gründer und Teilhaber auf die Agenturseite und betreute als Retail Consultant und Creative Director international führende Brands.

Mit dem Angebot, in einer der weltweit größten Kaufhausketten – Macy's Inc. – die Position des Vice President Creative Director of Visual Merchandising zu übernehmen, wechselte Spanke nach New York, von wo aus er für das visuelle Konzept aller Macy's-Stores in den USA verantwortlich war.

2017 verließ Spanke die Kaufhauskette, um die Full-Service-Agentur BIG IDEAS Visual Merchandising zu gründen. Seither ist er Geschäftsführer der Agentur, die über Gesellschaften und Büros in Europa und den USA verfügt. Spankes strategischer Ansatz ist getrieben von seiner Leidenschaft für kreative und innovative Lösungen, die punktgenau zur jeweiligen Marke passen.

Der Experte für stationären Einzelhandel und Visual Merchandising hält regelmäßig Vorträge und leitet Workshops zu den Themen Retail Trends und Retail Experience. Matthias Spanke ist Autor der Fachbücher »Easy Branding in Fashion Retail« und »Erfolgreiches Visual Merchandising« sowie zahlreicher Beiträge für Fachmagazine.

BIG IDEAS Visual Merchandising

Hinter BIG IDEAS Visual Merchandising steht ein Team aus internationalen Retail- und Visual-Merchandising-Experten. Die Full-Service-Agentur bietet Retailern aus der ganzen Welt einen Rundumservice von der Strategieentwicklung über die Konzeption und Produktion bis hin zum globalen Rollout. Immer mit dem Ziel, Endkunden ein unvergessliches Markenerlebnis zu bieten und für die Auftraggeber eine signifikante Umsatzsteigerung zu generieren.

BIG IDEAS verfügt über Büros in Europa und in den USA und betreut international führende Brands.

Im Rahmen des Retail Consultings von BIG IDEAS werden Brands beraten und unterstützt, um ein perfektes Kundenerlebnis am Point of Sale zu ermöglichen. In diesem Prozess übernimmt BIG IDEAS nicht nur die Creative Direction von innovativen Window- und In-Store-Konzepten, sondern auch die Produktion und globale Auslieferung. Visual-Merchandising-Directives werden erarbeitet, um die Konzepte optimal auf jeden Point of Sale zu übertragen. Auf Wunsch ist dies auch in Form von Virtual-Reality-Directives möglich.

Mit dem Visual Merchandising Field Support ermöglicht BIG IDEAS die Umsetzung von Window- und In-Store-Konzepten weltweit. Das globale Team besteht aus lokalen Visual Merchandising Experten, die sich zeitgleich um den Erfolg und das visuelle Erscheinungsbild der Brands kümmern. Mit Büros auf zwei Kontinenten und in verschiedenen Zeitzonen ist BIG IDEAS fast immer für seine Kunden erreichbar.

BIG IDEAS bietet zudem Vorträge, Workshops und Trainings an, um Teilnehmer von Tagungen und Unternehmensveranstaltungen mit den neuesten Trends zu inspirieren und ihr Know-how zu Themen wie Retail-Trends, Retail-Experience oder Visual Merchandising zu erweitern.

Sie möchten mehr erfahren? Dann freut sich das Team von BIG IDEAS auf Ihre Kontaktaufnahme.

BIG CAREERS Retail Recruitment

BIG CAREERS ist eine Personalberatung, die sich auf die Vermittlung von Einzelhandelsexperten aus Unternehmensführung, Kreation und Vertrieb spezialisiert hat. Mit langjähriger Erfahrung und Verbundenheit zum Retail findet das BIG-CAREERS-Team die richtige Besetzung für alle Positionen und Unternehmensebenen.

Visual-Merchandising-Experten, Store Manager, Area Manager, Sales Director oder Talente aus anderen Bereichen des Retails: Wollen Sie erfahren, wie wir Ihre Brand mit den besten Fachkräften zusammenbringen?

WEB: WWW.BIG-CAREERS.COM | MAIL: HELLO@BIG-CAREERS.COM

DANKE

Ich bedanke mich bei allen, die dazu beigetragen haben, dieses Buch zu verwirklichen. Ihre Kritik, Inspiration und Geduld haben dieses Projekt erheblich erleichtert und vor allem bereichert – fachlich wie persönlich.

Ein besonderer Dank gilt Dr. Kai Kaufmann für seinen Einsatz, der weit über die Aufgaben eines Lektors hinausging.

Sandi Snively und Ron D'Angelo waren mit ihrer enormen Sachkenntnis ebenso unermüdliche wie leidenschaftliche Sparringspartner. Mit gewohnter Stilsicherheit beriet mich Carla Panzella bei der Auswahl des besten Übersetzungsstils von der deutschen zur englischen Fassung dieses Buches.

Meine Teams von BIG IDEAS Visual Merchandising und BIG CAREERS Retail Recruitment hielten mir mit viel Verständnis wann immer es möglich war im Tagesgeschäft den Rücken frei.

Das gesamte Team der dfv Mediengrupp Fachbuch unterstütze dieses Projekt von Anfang bis Ende durch eine professionelle Zusammenarbeit und seine Offenheit für manche ungewöhnliche Anregung.

In den heißesten Phasen des Entstehungsprozesses dieses Buches hatte einer immer ein offenes Ohr für mich: Gerard Vignuli.

Vielen Dank auch an alle nachfolgend aufgeführten freundlichen Unterstützer aus den vielen Unternehmen der Best-Practice-Beispiele:

7-Eleven | Sandor Timar (Seven & i Holdings), Yuki Oda (Seven & i Holdings)
7Fresh | Yuchuan Wang (JD.com)
Albert Heijn | Maarten van Tartwijk (Ahold Dellhaize)
Amazon | Laura Gunning
American Girl | Susan A. Jevens
Apple | Martin Kuderna (Prfection), PR-Team (Prfection)
Audi | Susanne Herr, Susanne Killian
B8ta | Brooke Flohr (Bevel PR)
Ba&sh | Irene Yuan
Barclays | Eliot Goward
Bottletop | Jessica Jurkschat
Canada Goose | Tobias Woischke
Capital One | Devin Short, Laura Di Lello
Charlotte Tilbury | Amy Nichols, Katie Dobson
Duer Performance | Chanel PelEileen Fisher | Maya Carmosino
Ekoplaza | Diana van den Boomen (UDEA), Steven Ijzerman (UDEA)
H&M | H&M PR-Team
HSBC | Matt Klein
Ikea | Joshua Gbadebo (Hope&Glory PR), Kim Steuerwald
Jelmoli | David Blomerus (Eliane Bachenheimer PR/EBPR), David Zalud (Eliane Bachenheimer PR/EBPR)
John Lewis & Partners | Rachael Brown
Kohl's | Melanie Reynolds
Line Friends | Lena Han, Mina Park (Daniel J. Edelman Holdings, Inc.)
Lowe's | Alice Lee y, Gretchen Lopez
Macy's | Christine Olver Nealon, Julie Strider
Marks & Spencer | Emma Brown
Muji | Anne Robinson (Camron PR Ltd), Helen Cowdry (Camron PR Ltd)
Nike | Anne Eikenboom (Spice PR)
Original Unverpackt | Ria Schäfli
Pepe Jeans | Marta Díaz-Mauriño
Samsung | Isabel Suditsch (Ketchum Pleon GmbH)
Sonos | Breanna Wilson (Daniel J. Edelman Holdings, Inc.), Jenisse Curry
Target | Jacqueline De Buse
The North Face | Michaela Hardy
Uniqlo | Gary Conway (Fast Retailing)
Walmart | Ragan Dickens

BILDQUELLEN

S.14	Duer Performance		S.82	H&M
S.16	Nike		S.86	Pepe Jeans
S.18	Canada Goose		S.90	Macy's
S.20	Sonos		S.98	Line Friends
S.22	B8ta		S.102	BIG IDEAS Visual Merchandising
S.24	BIG IDEAS Visual Merchandising		S.108	Nike
S.26	Apple		S.110	7Fresh
S.32	BIG IDEAS Visual Merchandising		S.116	Marks & Spencer
S.34	Ryohin Keikaku		S.118	Albert Hejn
S.40	John Lewis & Partners		S.122	BIG IDEAS Visual Merchandising
S.42	Jelmoli		S.126	BIG IDEAS Visual Merchandising
S.44	Macy's		S.128	Walmart
S.50	BIG IDEAS Visual Merchandising		S.134	Ikea
S.52	Capital One		S.144	Andrew Meredith
S.60	Charlotte Tilbury		S.146	Ikea
S.66	The North Face		S.148	Original Unverpackt, Katja Vogt
S.70	Demodern – Creative Technologies		S.150	imago images / xStephenxChungx
S.72	Audi AG		S.156	Ba&sh
S.76	BIG IDEAS Visual Merchandising		S.158	BIG IDEAS Visual Merchandising
S.78	BIG IDEAS Visual Merchandising		S.162	Eileen Fisher
S.80	Uniqlo		S.170	Marcel Boldu